シリーズ　数理・計量社会学の応用②

私たちはなぜ家を買うのか

後期近代における福祉国家の再編とハウジング

数理社会学会監修

Akane Murakami
村上あかね

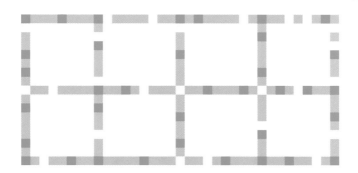

keiso shobo

シリーズ序文

シリーズの目的

本シリーズ「数理・計量社会学の応用」は、数理・計量社会学の最新の到達点を、一般の読者むけに発信することを目的としています。数理社会学会が２０１６年3月に30周年を迎え、その記念学会事業として企画されました。

数理・計量社会学は、社会現象を数理モデルや計量データによって分析します。数理社会学会が１９８６年に設立されてから、この30年ほどで多くの知見が蓄積されてきました。ただ、せっかくの成果が、ともすれば一般社会にじゅうぶんに届いていないかもしれない――こうした懸念を払拭するために、このシリーズが企画されました。正式には、「数理社会学会30周年記念学会出版事業」といいます。

シリーズの特色

そこで、若手から中堅の学会員が、シリーズ各巻を（原則として単著で）執筆することとなりました。学会のこれまでの成果を踏まえつつ、自由で大胆な内容となることが企図されています。

各巻では他で扱いにくいチャレンジングなテーマが、計量データまたは数理モデルをエビデンスとして分析されます。「きっとこうだろう」と思っていたことが、もしかしたら分析の結果裏切られるかもしれません。「そんなはずはない」と、反発を感じることすらあるかもしれません。そうした知的な格闘が、たえず生まれることを期待しています。

このシリーズは、2016年3月に数理社会学会大会の総会で、学会事業として承認されました。編集体制は、数理社会学会監修、小林盾（企画スタート時の編集理事、学会誌『理論と方法』編集長）、村上あかね（同副編集長）、筒井淳也（同企画・広報理事）シリーズ編集となっています。とはいえ、執筆内容は各巻の著者に委ねられ、著者が責任をもちます。

おもな読者

読者として、大学生を中心に、高校生、社会人、大学院生、研究者などが想定されています。大学生であれば、前提知識がなくても、無理なく理解できる内容を目指しました。そのため、数式や図表は最小限とし、できるだけ言葉で説明するようになっています。

謝辞

学会事業として承認されるにあたり、当時の数土直紀会長、吉川徹副会長、石田淳庶務理事にはひとかたならぬお力添えをいただきました。勁草書房渡邊光氏には、シリーズの趣旨をご理解いただき、刊行を快くお引き受けいただきました。記して感謝いたします。

シリーズ編者　小林盾・村上あかね・筒井淳也

まえがき

日本の大都市ではタワーマンションが次々に建設されている。[1] 一方、郊外や地方に足を伸ばすともはや人が住んでいるかどうかわからない家がひっそりとたたずんでいる。このような風景は珍しくなくなった。日本は二〇〇八年をピークに総人口が減少し、空家が増えている。人口が減少しているにもかかわらず住宅価格はむしろ高くなっている。何かがこれまでとは変わっていることに多くの人は気づいている。だが、なかなか解決の糸口が見えない。閉塞感とあきらめが漂っている。

日本は高度経済成長を経て世界第2位（現在は第3位）の経済大国になった。そして、人びとは家族や職場などに帰属し、結婚して子どもを持ち、さまざまな人生の目標を叶えていった。ジェンダーの視点から振り返るといろいろ課題はあるものの、社会保障も充実していた。その中心にあったのが持家である。だが、このような生活は現在では当たり前ではなくなっている。多くの研究者はそれをグローバル化に伴う働き方の変化から説明しようとしてきた。働き方の変化は重要である。だが、本書では日本の住宅システムを歴史的また国際的に比較する作業を通じて日本社会の仕組みとその変化を解き明かしてみたい。ここで住宅システムとは住宅政策、住宅金融、そして住宅に対する人びとの行動や価値観を指す。

本書で明らかにするのは、まず戦前は借家が多かった日本社会が戦後には持家が多数を占めるようになった経緯である。持家が6割と多数派になったことは、多くの人が持家のほうが賃貸住宅よりも望ましいと考えるようになったからに違いない。賃貸住宅のほうが気楽だという意見もあるが、持家のほうが賃貸住宅よりも面積が広く設備も良い。持家はローンを返済すれば自分の財産になり、高齢期になっても住み続けられるという安心感もある。家を持てて一人前であり、その地に根を下ろそうとする信頼できる人物とみなされる風潮も依然として残っている。それゆえ、持家のほうが賃貸住宅よりも人びとに好まれ、住生活の満足度も持家のほうが高い（内閣府 2023「国民生活に関する世論調査」）。本書ではこのような社会を作ってきた日本の住宅政策の変遷を戦前から現在に至るまで追い、その根底には変わらないものがあることを示す。さらに、日本の特徴を理解するために他国と比較し、ハウジング理論および福祉国家レジームのなかに位置づける。とりわけ産業構造が変化しグローバル化が進展するなかで福祉国家の再編を迫られたヨーロッパと対比しながら、持家が人びとの生活に果たす役割を考察する。

このような文脈を踏まえたうえで、日本では何が持家の所有を促す客観的な要因であるのか、言い換えれば誰が持家取得において有利かを全国を対象とした調査データの統計分析から解明する。さらに、人はどのような動機で家を買うのか、持家の取得に伴う家計の変化にどのように対処しているかをインタビュー調査によって探る。

なぜ、住宅システムの問題を問うのか。その理由は人びとが安心して生活し、社会に参加できるようになるためには住宅がカギとなるからである。なにも豪邸に暮らす必要はない。しかし、他の先進国と比べると日本の住環境は高い水準にはあるとはいいがたい。住宅、所得、雇用、コミュニティ、教育、環境、市民参加、健康、生活満足度、安全、ワークライフバランスの11領域について達成度を調べたOECDの「Better Life Index（より良い暮らし指標）」によれば、日本は安全や教育のスコアは高いものの住宅のスコアは低い。それは基本的な設備を欠く住宅が多く、住居費が高いためである。そのため、ワークライフバランスの低さとも相まって、日本の生活満足度は他のOECD諸国と比べて低い[2]。そのほかにも日本ではコミュニティや市民参加のスコアが極めて低い。要するに人びとのつながりが弱いのだが、これは住居費の高さ、そして長時間労働・長時間通勤によるゆとりのなさとも関連がありそうだ。

早川（1979）は住宅のあり方が子どもの成績、家計負担、家庭内の事故、健康、犯罪や長時間通勤による疲労など日常生活やライフチャンスにまで影響することを早くから指摘した[3]。同時期には「灰色の男たち」である時間どろぼうからゆとりを取り戻そうとする少女の物語『モモ』（ミヒャエル・エンデ作）が日本語に翻訳されてベストセラーになった。日本人はウサギ小屋に住んでいるエコノミックアニマルだと海外から批判されたこともあり、豊かさを問い直す社会の雰囲気が当時はまだあった。しかし、一九八〇年代のバブル経済は問題の解決を先送りした。また、日本人や日本社会を礼賛するような風潮も人びとが問題から目をそらすことに貢献した。現在の日本は経済面でも時間面でもいっそうゆとりを失い、日本人論や日本社会論がふたたびブームになっている。

そして、住宅へのアクセスには経済的格差があることも住宅に注目する理由である。本書で明らかにするように、住宅ローンを払い続けて家を持つことができるかどうかは家族の豊かさと関連する。二〇〇八年のリーマンショックでも二〇二〇年以降の新型コロナウイルス・パンデミックでも、もともと社会経済的に不利な人ほど家を失う危機を経験しやすかった。

さらに、日中韓の三か国では住宅を所有できるかどうか、またはその見通しがあるかどうかが若者（とくに男性）の結婚意欲に強くかかわっていることがしばしば報道されている。家族は大事だし、結婚はしたい。でもできない。若者の前に立ちはだかる壁の一つが持家である。社会から経済的・時間的ゆとりが失われているため、若者はコスパ（コストパフォーマンス：費用対効果を意味する俗語）とタイパ（タイムパフォーマンス：効率を意味する俗語）をますます重視するようになった。親元を離れて一人暮らしをし、結婚して、こつこつ貯金をして家を買う昭和の家族モデル（「男性稼ぎ主モデル」）はもはやコスパもタイパも悪く面倒なのである。結婚したとしても住宅価格が高騰しているため、もう一人子どもを欲しいと思ってもあきらめざるを得ない（二〇二三年二月二日付日本経済新聞）。これは男性が外で働いて妻は家事育児に専念し、子どもの手が離れたらパートタイマーとして働くという昭和の家族モデルの行き詰まりを示唆するものである。

若者の住宅難以外にも、マスメディアは「二重ローン問題」「住宅ローン破綻」「住居喪失」「車上生活」「ホームレス」「ネットカフェ難民」「所有者不明の土地」「空家」について、そして最近では行き場がなく夜の街をさまよう若者たち――いわば若年ホームレスについて報道してきた。しかし、住宅問題は選挙の争点にはほとんどならない。二〇二二年夏の参議院選挙では公明党とれいわ新選組が住宅手当（家賃補助）の創設を提言したにとどまった（二〇二二年六月一六日付NHK選挙WEB）。日本にも生活保護の住宅扶助や住居確保給付金はあるものの、諸外国にみられるような公的な住宅手当は実現していない。多くの人が受け取っている住宅手当は勤務先の福利厚生である。

また、ウェブで取り上げられる住宅問題は、たいてい持家と賃貸住宅のどちらがトクか、あるいはどうすれば家を買いながら子どもの教育資金や老後資金をためられるかというハウツー、あるいは親から相続した空家の処分をどうするかといった内容である。もちろんそれぞれの家族が適切に家計管理をすることの重要性を否定するものではない。

しかし、住宅の問題を自分たちの問題としてだけではなく、社会の問題として捉えることが私たちはできているだろうか。たとえば、被災者に対して「所定の期間が過ぎたので家賃補助が打ち切られてもしかたがない」「安い家賃で一等地に住めるのはうらやましい」といった発言を聞く。このどこか冷淡な日本社会の雰囲気は、家を買うことができた人もどこかに苦しさを抱えているからではないか。住宅を私有財産の問題として済ませずに、ひろく社会の問題として捉えることが今こそ求められている。

なぜなら、かつては住宅の問題は自力で持家を確保できなかった高齢者の問題として捉えられてきたが、現在では現役世代にも住宅問題が拡がっているからである（大津 2021; 渡辺 2021）。新型コロナウイルス・パンデミック時の住居確保給付金申請件数の急増は、まさに現役世代にも潜在的な住宅問題を抱えている人たちが少なくないことを浮き彫りにした。不安定な仕事に就く人が悪いのだろうか、頑張っていない人たちは質の低い住宅で我慢するしかないのだろうか。そうではないだろう。そもそも一人ひとりが頑張らないと安心して生活できないことによる将来不安が、少子高齢化をはじめとする日本社会の課題につながっている。他方、世界では、すべての人が良質で手ごろな価格の住宅（Decent and Affordable Housing）に住めるようになることが重要な政策目標として掲げられている。住宅は人間の尊厳にかかわる。日本でも多くの人が良質かつ手ごろな価格の住宅に住むことができれば生活の豊かさを実感できるようになり、将来への不安も減少するはずだ。将来への不安が高いことが人びとを自己防衛的な行動に走らせ、社会の連帯を失わせている。

住宅問題について考えるときに社会の矛盾が集中している高齢者、障がい者、母子世帯、若者、ホームレス、移民の問題が重要だと考える人も多いだろう。これらはすでに優れた研究が多数ある（岩田 2000; 葛西 2017; 日本住宅会議編 2008; 丸山 2021 ほか）。あるいは、時代のトレンドである大都市のパワーカップル（共働きの高収入夫婦）こそが興味深いと考える人もいるだろう。しかし、本書では全国を対象とした大規模調査を用いて有配偶者の住宅取得行動を分析する方針を採用した。その理由は、マジョリティの住宅取得行動を確認することも重要だと考えたからである。そして、持家へのアクセスには構造的な不平等があり、親子関係と夫婦関係、そしてそれぞれの社会経済的状況とが重なって持家へのアクセスの格差を増幅させるメカニズムを描くこととした。同時にインタビュー調査も用いることで現代日本における住宅をめぐる人びとのリアリティや葛藤を複合的に捉えることに本書の特徴がある。

本書のメインテーマは住宅へのアクセスの社会経済的格差であるが、サブテーマは女性の就業である。

深刻な労働力不足に直面している日本では、労働市場におけるさまざまな男女間格差の解消が長年の課題である。一九九〇年代後半に共働き世帯の割合が専業主婦世帯の割合を上回って以来、共働き世帯の数は増加しているが、依然として女性の就業は周辺的なものにとどまっている。他方、ヨーロッパでは既婚女性の就業が増え、企業の管理職や政治家に占める女性の割合も増えている。その背景には女性解放運動、女性の高学歴化、自己実現志向の高まり、家族の不安定化の影響もあるだろう。だが、これらの要因に加えて、資産価値の高い住宅を購入するためには夫婦共働きが有利であるために既婚女性の就業が増えたことは案外知られていない。このことは女性労働力の商品化であるともいえ、また住宅の商品化と住宅市場の過熱ももたらしているため、手放しで称賛できることではないかもしれない。しかし、ジェンダーの視点からは重要であるので、その背景にある後期近代における福祉国家の縮小・再編については第2章で触れている。

日本でも福祉国家は縮小しつつあるが、ヨーロッパのような道はまだたどっていない。それは日本では持家を軸に親子間での生活保障が提供され、そこに夫婦間の生活保障が上乗せされているからと説明できる。男性が妻子を養うことができる賃金を得ることを前提として、既婚女性による労働と親からの援助（いずれも無償労働と有償労働を含む）によって日本の家族はリスクに対応してきた。だが、この仕組みには限界がある。これまでの昭和の家族モデル（男性稼ぎ主＋親頼み戦略）を維持し続けるか、あるいはそこから脱却するか、日本は重大な岐路に立っている。どちらの道を進むかは政治家に任せるのではなく、私たち一人ひとりも考える必要がある。どちらの道を選ぶにせよ、持家へのアクセス不平等が少しでも緩和され、人びとが生活の豊かさを実感できるようになることを願うものである。

さて、最後になるが、持家へのアクセスについては以下のような発言をしばしば聞く。これを「住まいをめぐる神話」とよぼう。

住まいをめぐる神話

その1　持家のほうが賃貸住宅よりも得である
その2　公営賃貸住宅は役割を終えた
その3　新しい公営賃貸住宅は駅前にあり、便利な施設もある。安く住めるのはずるい
その4　選ばなければ住むところはある
その5　災害の危険があるところ、不便な場所には人を住まわせず、政府か自治体がお金を出して引っ越させればよい
その6　親がいるから大丈夫

本書を読み進めるなかでこれらの神話にどう応答するか手がかりをみつけていただければ幸いである。筆者自身の答えは終章で示したい。本書の通底には「人びとが安心して暮らすことができるためにはどのような住宅システムが望ましいか」という学術的な問題関心があるが、これは実践的な問題解決にもつながるはずである。筆者の力不足ゆえカバーできていない部分も多々あるが、この本が問題解決のヒントになれば幸いである。

注

（1）日本で初めてタワーマンションが建設されたのは一九七〇年代後半である（一九七〇年代前半という説もある）。二〇二三年に全国で建設・計画されている20階建て以上の超高層マンションは約11・4万戸であり、その大半は首都圏にある（不動産経済研究所 2023）。

（2）住居費負担の高さは持家か賃貸住宅であるかにかかわらず人びとの生活満足度の低さにつながる（村上 2023）。

（3）海外の状況については竹ノ下（2023）のレビューが参考になる。

私たちはなぜ家を買うのか——後期近代における福祉国家の再編とハウジング　目次

序章　持家社会のゆらぎ

1　はじめに——問題の所在

大人が今どきの若者は……と言いたがるのは、昔からだったらしい。一説には古代エジプトにもそのような記録が残っているという。大学はレジャーランドだといわれたのは過去のことであり、景気が良い時代を知らない現代の大学生は大人たちが思うよりも真面目である。卒業できるかどうか、卒業しても就職できるかどうか、就職しても働き続けられるかどうか将来を真剣に心配している。

勤務先の大学で学生たちと話すと不動産業界は魅力的な就職先として人気がある。街に出ると新しいマンションが次々に建設されているので、活気がある業界のようにみえるそうだ。大手住宅メーカーのCMを目にする機会も多く、自分自身の経験に照らしても住宅は身近である。入社してからどのような仕事をするのかも想像しやすい。目をキラキラと輝かせて将来の夢を語る学生たちに意地悪をするつもりはないけれども、全国的には人口が減少していて空家が増えていることを話すと学生たちは驚く。

図序‐1に示したのは空家数と空家率の推移である。どちらも一貫して増加している。空家にはいろ

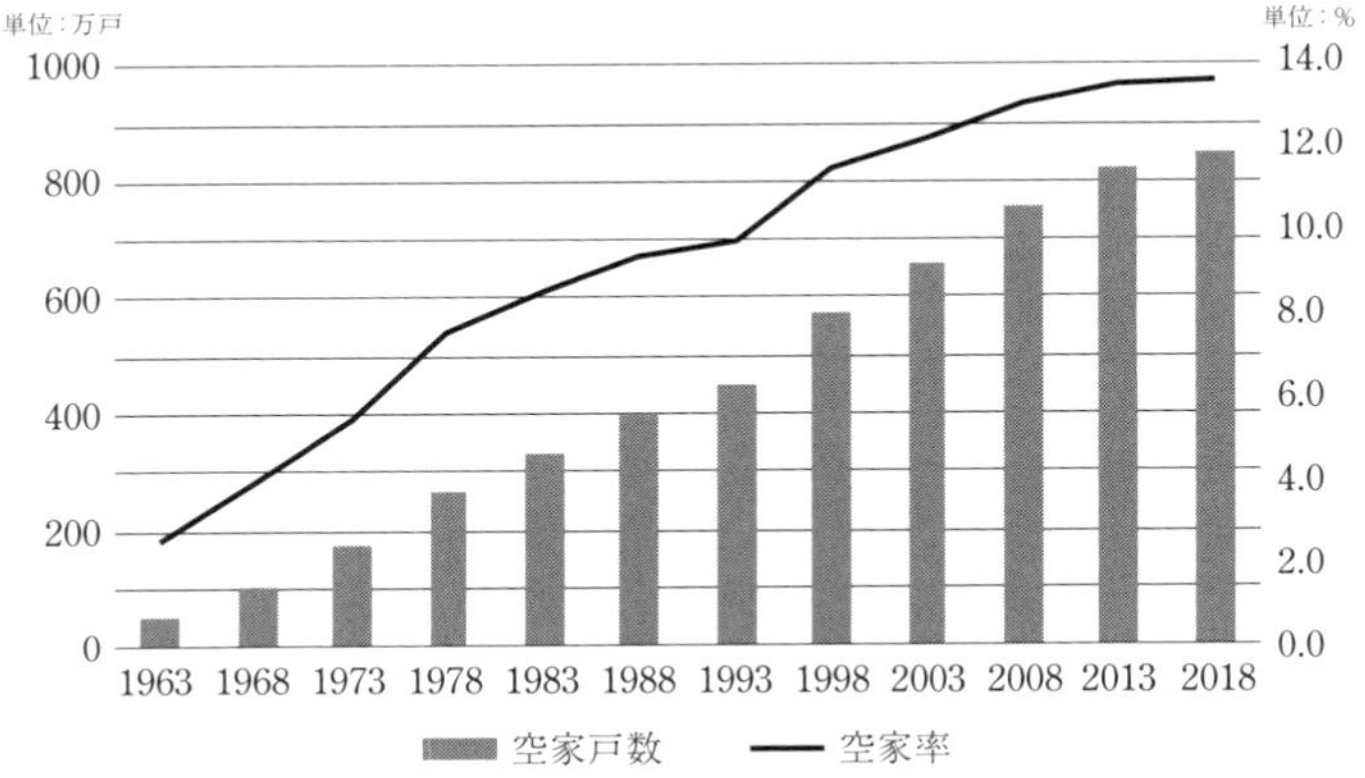

図序-1　全国の空家戸数と空家率の推移
出典：総務省統計局「平成30年住宅・土地統計調査」より筆者作成。

いろな種類があり、別荘などの二次的住宅も含まれているので空家問題は考えているよりも深刻ではないと考えてもよいだろうか。残念ながら答えはノーである。二〇一八（平成三〇）年の調査によれば、空家の内訳は賃貸用住宅が431万戸（50・9%）、売却用住宅が29万戸（3・5%）、二次的住宅が38万戸（4・5%）、その他の住宅が347万戸（41・1%）であり、二次的住宅の割合は少ない。賃貸用住宅がもっとも多い。オーナーが貸そうとしても入居者が集まらないようである（総務省統計局 2019）。

筆者自身も東京オリンピックの少し前に友人たちと東京23区内のエアービーアンドビー（いわゆる民泊）に泊まったことがある。[1] かつては学生向けワンルームマンションだったらしいその建物は地下鉄の駅から遠く、築年数が古く、共用部分の設備も古かったので、今どきの大学生は敬遠しそうである。そもそも最近の学生は自宅から（親元から）通学することが増えている。高齢者が住んだらどうかとも考えたが、よく観察するとエレベーターが狭く、共用部分の照明は暗く、室内は段差もあったので高齢者には住みにくいだろうと感じた。

やはり空家の多数を占めるその他の住宅とは建て替えなどのために取り壊すことになっている住宅や転勤・入院などのため世帯員が長期にわたって不在にしている住宅である。高齢者になれば住み慣れた自分の家で生活できなくなることも増える。しかし、その家を売却しようとしても買い手がつかなかったり、これまでの思い出や持ち物があるので売るに売れなかったり、高齢者施設や病院で死亡するとしても最期はいったん家に帰らせてやりたいといった気持ちが子どもにあったりするのだろう。古い家屋は取り壊したほうがよいとはわかっていても解体費用がかかり、そのうえ更地にするとむしろ固定資産税が上がるのでそのままにしておいたほうがよいと考える人も多い。

近年では都市部にも空家が増えてきているものの、やはり地方のほうが空家は多い。二次的住宅を除いた空家率がもっとも高いのは和歌山県、次いで四国・九州地方の県である。空家問題は人口、そして進学や就職の機会が少ないことともかかわっており、問題は根深い。人びとは都市部に移動して住宅を所有（多くの場合、購入）し、さらに空家が増える。「ふるさと納税」や都市部にある大学の入学定員抑制などさまざまな地方創生策が実施されてきたが、目に見える効果があったとはいいがたい。

空家が多いのでそれを借りて住めばよいとはならず、多くの家族は家を持とうとする。空家問題についてはすでに多くの著書があるため本書では分析せず、そのかわりに空家とコインの裏表の関係にある人びとの住宅取得の動機や行動を分析する。なぜ人びとは住宅を所有しようとするのか。持家へのアクセスにはどのような格差があるのか。そして、家計のリスクに人びとはどうやって対処しようとするのかを問う。そのために、なぜ日本は持家社会——「持家が多いだけではなく、人びとのマジョリティが住宅所有に価値があると判断し、持家取得をめざす社会」（平山 2009: 7）――となったのか、その歴史を遡り、他の国と比較しながらデータを分析する。

2 日本における住宅研究の展開と海外の状況

西山夘三をはじめとする日本の住宅研究の蓄積は長いが、後述するように工学・建築学、福祉、社会政策、経済学からのアプローチが多い。社会学者も調査をするときはかならず持家かどうかを尋ねる。しかし、収入格差よりも住宅・宅地資産の格差のほうが大きいにもかかわらず、鹿又（2001）を除けば日本の社会階層研究で住宅が研究対象となることは少なかった。クルツら（Kurz and Blossfeld 2004）は、職業を主なテーマとしてきた階層研究は住宅に注目してこなかったと述べる[2]。なかでも日本は安定した仕事に就けば住宅を購入したり資産を形成したりするチャンスが高くなるので、職業や雇用状況について研究すれば実質的には十分にカバーできたといえる。あるいは、住宅は個人や家族が自力で獲得するものと考えられてきた日本社会の「雰囲気」を、研究者自身も暗黙の裡に前提としていたのかもしれない。職業と住宅の関係、住宅は個人の問題であるとしてきた「雰囲気」については本書第1章で詳しく論じる。

他方、家族研究の領域ではイエや近代家族とのかかわり（西川 1998, 2004; 鈴木ほか 2004）、あるいは親子の同別居や援助関係の文脈で住宅が論じられてきた。ここではどちらかというときょうだい間の違いに注目する傾向があり、社会経済的不平等の視点は弱い状況が続いてきた。これは社会階層研究と家族研究が分断されてきた状況（岩間 2008）にも由来するだろう。ただし、文化研究の領域では祐成（2008）が歴史的観点から住宅と社会階層の問題を指摘している。一方、山本（2014）は、戦後は住宅が商品化して多くの人びとに住宅が供給されるようになったことを消費社会論の立場から分析する。都市社会学などの領域でも住宅に関する研究はある。

しかし、平山（2009）は日本の社会科学における住宅研究の少なさを指摘してきた。たしかに、国際社会学会の住宅部会に参加しても日本人は少ないという経験は筆者にも何度かある。他方、ヨーロッパは住宅研究の層が厚く、学術雑誌も多数発行されている。

日本での住宅研究の今後の方向性を考えるためにも、海外の動向に目を向けてみよう。たとえば二〇一二年に出版された *The SAGE Handbook of Housing Studies*（Clapham et al. eds. 2012）は24本の論文から構成される。第一部「住宅市場」では住宅市場の理解、住宅建設と供給、人びとの行動、近隣環境の影響を論じる。第二部「アプローチ」では新自由主義、制度派経済学、社会地理学、社会政策、社会構成主義、政治学・政治経済学、人と環境など他分野の研究が住宅研究に与えた影響を述べている。第三部「文脈」では住宅と経済、ハウジング・レジーム論と福祉レジーム論、ライフコースと都市の移民、社会生活、環境問題を取り上げる。第四部「政策課題」ではホームレス、住居費、補助金、セグリゲーション（棲み分け）、低所得者向けの住宅など具体的なテーマを扱っている。

日本では財団法人住宅総合研究財団編（2009）が住宅研究の流れを整理している。やや長くなるが各章のテーマを挙げよう。第Ⅰ部「住宅研究の変遷」では「家族と住生活」「住宅供給」「集住計画」「高齢者居住」「住宅政策・住宅市場と住教育」「住宅管理・居住地管理」「住宅構法と住宅生産」「建築史における住宅」「都市計画における住宅」「農村計画における住宅」「環境工学における住宅」「住宅系学位論文」の動向が収録されている。第Ⅱ部「これからの住宅研究」では「少子高齢化と家族・コミュニティの再編」「住宅ストックの増大と環境問題への対応」「住宅政策の転換とまちづくり・むらづくり」となっている。その他、概説、資料や座談会が収録されている。最近出版された『住まいの百科事典』（一般社団法人日本家政学会編 2021）は「気候・風土と住まい」「歴史から読み解く住まい」「住まいの計画」「構法・構造・材料」「環境」「設備」「多様な生活者を支える住まい」「都市・農村計画」「住宅の需要と供給そして政策」「住まいの維持管理」「住居にかかわる職能」「災害と住まい」「多様化するライフスタイルと住まい」「住教育の取組みに向けて」「持続可能な社会から見た住居」の15章から構成されている。全体として日本の住宅研究は理系分野からのアプローチが目立つ。そのほかに関連する成果としては東京大学社会科学研究所全所的プロジェクトの成果である『福祉国家』シリーズ（東京大学出版会）で住宅の問題が取り上げられているが、一九八〇年代刊行と先駆的な業績といえる。『講座現代居住』（東京大学出版会）は一九九〇年代の成果である。この間も研究者たちは地道に研究を続け、住宅政策や住宅問題について多数の成果を公表している。が、国際的にみれば日本の住宅研究者は多いとはいいがたい。

本書は、誰もが住宅を所有できるわけではなく格差がある実態とそのメカニズムを家族社会学と社会階層論と社会学の視点から分析する。

3　リスク社会としての後期近代と自己責任論の拡がり

住宅というテーマを家族と社会階層の観点から研究するうえで重要な文脈となるのが、現代社会における福祉国家の変容である。近代以前に人びとのリスクに対処してきたのは家族や共同体であった。現在でも家族や共同体の役割が失われたわけではないが、福祉国家がリスクに対処する重要な手段である。福祉国家の発達によってリスクに対する公的な備えが充実したことは何をもたらしたか。このような変化について論じたのが、ドイツの社会学者ウルリッヒ・ベック（一九四四～二〇一五）、ポーランド出身の社会学者ジグムント・バウマン（一九二五～二〇一七）、イギリスの社会学者アンソニー・ギデンズ（一九三八～）らである。いずれも社会の変化について多くの著書を執筆し、それらは日本語にも多数翻訳されている。チェルノブイリ（チョルノービリ）原発事故後に発表された『危険社会』（Beck 1986＝1998）でベックはリスクはグローバル規模に達し、困窮による連帯は不安による連帯に変わると述べた。金融もまたグローバル化し、アメリカで発生したリーマンショックや各国の金融政策の変化がただちに世界経済に影響を与えるようになった現代社会を考えるうえで示唆に富む。なかでも、ギデンズはブレア政権（一九九七～二〇〇七）のブレーンであった。労働党のブレア首相はサッチャー首相の新自由主義からの軌道修正を試みたが、それ以前の労働党のケインズ主義とも違う「第三の道」を提唱した。

福祉国家が発達したことで人びとは階級、地域、家族などの伝統的な制約から解放されるようになったとベックは述べる（Beck 1986＝1998）。男性に限ってのことであるとはいえ、多くの国は完全雇用を目指しそれをほぼ実現した。その男性が一家の生計を支えるだけの十分な収入が得られなくなったとき、福祉国家は所得移転を通じて人びとの生活を支えてきた（大沢 2007）。そのほかには貯蓄、民間保険や持家など私的な備えもある。

一九六〇年代の日本では生活環境が改善し、医療技術が発展したため、死亡率は大きく低下した。雇用は安定していたので人びとは人生設計を立てやすくなった。親たちは子どもたちに自分たちよりも高い水準の教育を受けさせることができた。教育の大衆化である。人びとはライフステージの進展にあわせて住み替えながら家電製品や車を購入し、余暇を楽しむことができるようになった。このような積極的な消費活動が企業の売り上げをさらに伸ばし、そこで働く労働者の生活は豊かになった。大量生産・大量消費の時代である。銀行預金の利子は高く、今のように老後に備えて投資をする人は少なかった。

この時代は前期近代、第一の近代、あるいは工業（化）社会とよばれる。ベヴァレッジ型の福祉国家をケインズ主義に基づく政策が支えていた。

しかしながら、一九七〇年代には、先進国の経済成長は鈍化した。社会学者たちは以後の時代を後期近代、第二の近代、あるいはポスト工業（化）社会という。日本の場合は一九七〇年代半ば、あるいは一九九〇年代に後期近代に入ったと考えてよさそうである。そこから「失われた三〇年」が始まった。この間、日本でも海外でも景気が回復した時期はあったが、雇用も家族も不安定になり、人びとの格差は拡大した。人びとのリスクに対処する国家の役割は縮小して、市場の役割が拡大するようになった。社会の構造が根本的に変わったのである。そのため、現在では個々人が市場における生存保障に関する「人生設計・組織化の行為者」となったというのがベックの見方である（Beck 1986=1998: 142）。ギデンズはそれを「未来の植民地化」という言葉で表現する（Giddens 1991=2021: 147）。先々のことを考えて今から将来に備えなさいというわけだ。昔から生命保険の勧誘では人生設計という言葉が使われてきたが、それは就職してからあるいは結婚してから考えることだったはずである。ところが、現在では大学でも一年生からキャリアセンターのガイダンスを受けたりする。そしてキャリア教育科目を履修して在学中にインターンシップに行き、自分のやりたいことをみつけるようにと促される。これは学生自身あるいは保護者・保証人からの要望でもある。それだけにとどまらず、最近では小学校でも金融教育がおこなわれているらしい。

このようになったのは、社会が個人に対して何かを成し遂げること、つまり自己実現をすることを求めるようになったからである。個人は失敗したくなければ長期計画を立て、また変化にも適応できなければならない（Beck 2001=2022; Beck and Beck-Gernsheim 2001=2022）。そのために、個人は自らの行為がもたらす可能性について「計算的な態度」をもちながら生きることが重要になる。それは経済的に恵まれていても恵まれていなくても求められるとギデンズは指摘する（Giddens 1991=2021: 53, 第3章）。常に自分や自分の行為の影響を振り返りつつ、軌道修正して自己アイデンティティを確かなものにすることが求められている。

近代以前の人びとにとって家族や共同体は生き方を拘束する存在であったが、そのかわり人びとはその一員として包摂されていた。家族や共同体が不安定になった現在では、アイデンティティが共同体の代わりになる。そして、人びとは自己アイデンティティを維持したり、自己を管理したり、自己を主張すること、なおかつこれらの課題を自分だけで遂行できることが義務になっているとバウマンは現代社会を分析する（Bauman 2001=2008）。その結果、どうなったか。ベックによれば、たとえばかつては構造的な要因による不運の結果として説明された失業が、今日では個人的な咎や責任であることが強調されるようになった（Beck 2001=2022）。つまり、人びとが経験するリスクは社会の仕組みがもたらした不平等の結果としてではなく、個人の努力不足あるいは心の持ち方が不十分であることに由来するものと解釈されるようになった。

このような社会では家族による制約から人びとが解放されたにもかかわらず、いな、だからこそ家族に親密性を求めるといった現象が併存する。国立社会保障・人口問題研究所（2022a）の「出生動向基本調査」をみても結婚したり子どもを持ったりすることを何かの手段——たとえば経済的安定や社会的信用を得るもの——としてみるよりも、結婚して子どもを持つことそのものが重要な目的だと考える人が増えている。未婚化・晩婚化が進み、「若者の恋愛離れ」と言われるが、家族や子どもを持つことへの要求は必ずしも弱くなっていない。

以上のような後期近代を表すキーワードは「リスク社会」「個人化」「アイデンティティ」であり、さらに「自己責任」である。

少し寄り道をするが、「自己責任」という言葉はいつごろから使われるようになったのだろうか。一九八四年から二〇二二年までの朝日新聞と日本経済新聞を検索すると、「自己責任」という言葉は一九九〇年代から増えている（図序-2）。

朝日新聞では一九九五年前後に件数が急増しているが、この年の記事で印象に残る見出しは「自己責

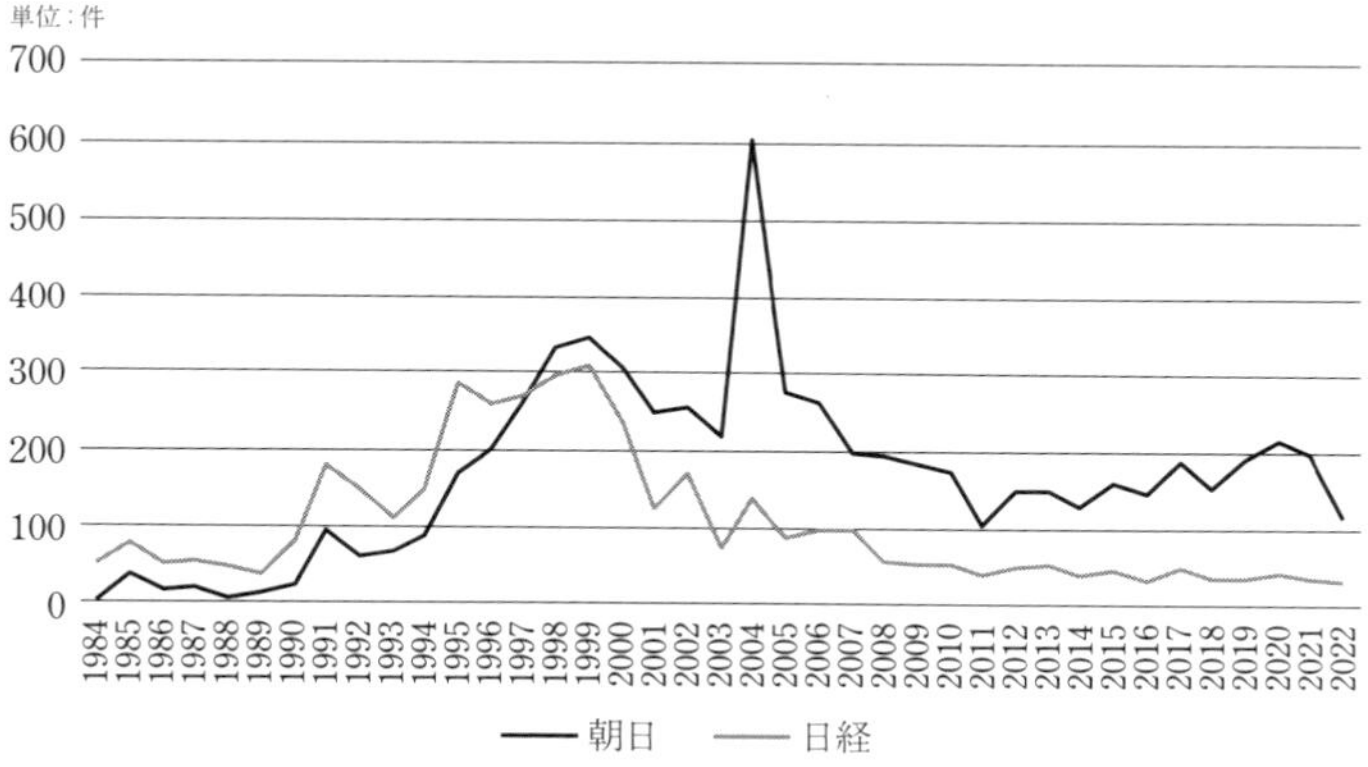

図序-2　「自己責任」を含む記事の件数

出典：朝日新聞クロスサーチおよび日経テレコン 21 より検索し，筆者作成。

任社会の確立を　景気・財政再建の両立に　九六年度予算案」である。記事を読むと、これは住専（住宅ローン専門のノンバンク、住宅金融専門会社。通称住専）がバブル期にかかえた不良債権の処理に多額の公的資金が投入されたことを批判していた。一九九八年にも件数が急増しているのは経済戦略会議の中間報告が出されたからのようだ。記事を読むと、経済戦略会議は日本経済が活力を取り戻すためには「過度に結果の平等を重視する日本型の社会システムを変革し、個々人が創意工夫やチャレンジ精神を最大限に発揮できるような『健全で創造的な競争社会』に再構築する必要がある」と提言している。つまり、「自己責任」という言葉の向かうベクトルが政府から個人（ただし他者）へと変わったのである。二〇〇四年に記事数が六〇〇件を超えたのは同年一〇月に発生したイラク人質事件で日本人青年が殺害され、遺族が「息子は自己責任でイラクに行った」との発言をしたことがきっかけである。「自己責任」という言葉は、個人（自分自身）に対しても向けられる言葉となった。その後、記事件数は急減した後、増減を繰り返した。

日本経済新聞では投資や経済問題と結びつけて「自己責任」の言葉が使われる傾向があった。記事数が増えた一九九一年の見出しを読むと、この年は証券会社が一部の顧客に損失補塡をしていたことが明るみになり、大きく報道されていた。

近年では個人を責めるような自己責任論を見直す風潮もあり、記事件数は徐々に減少している。また、取り上げたとしても自己責任論を批判的に捉える記事が増えている。ただし、自己責任論は根強い。日本には「情けは人のためならず」という表現がある。この表現の本来の意味は「人に情けを掛ければ巡り巡って結局は自分のためになる」である。だが、60歳以上を除くすべての年代で、「人に情けを掛けると、結局はその人のためにならない」との理解が本来の意味の理解を上回っていた（文化庁 2012）。


さて、話を戻すと、「リスク社会」「個人化」「アイデンティティ」「自己責任」に象徴される後期近代の特徴は住宅の領域にも見出すことができる。戦後、多くの国では政府や自治体が主体となって賃貸住宅を供給したが、その後、持家が普及した。それでも持家は収入が高い人たちのものであり、収入が低い人たちのためには公的賃貸住宅があった。しかし、次第に収入が低い人たちも家を持つように政策的に誘導された。かつては持家と雇用と社会保障は相互に支えあっており、持家は安全で持続可能な資産であった。だが、労働市場の規制が緩和され、セーフティーネットとしての社会保障が削減された結果、持家と雇用と社会保障のつながりが壊れた。住宅を所有することは、以前よりもリスクが高い行為となった。離婚が増えたことも住宅所有を不安定にする。住宅ローンを延滞したり、その結果として持家を失う人たちはもともと社会経済的に不利であるにもかかわらず、リスク社会では住宅ローンの延滞や持家の喪失は個人の問題とみなされやすいとフォードらは述べる（Ford et al. 2001）。

収入が低い人たちも家を持つようになったのは、社会保障が削減されたために人びとは持家が生み出す利益を活用してリスクに備えなくてはならなくなったからである。このような社会の変化については本書第2章で改めて説明したい。

4　アイデンティティのよりどころとしての持家

住宅所有のリスクが高いのに人びとはなぜ家を買うのか。それは、そのように政策的に誘導されているからだけではない。この疑問を理解する手がかりを社会学者たちはまたしても提供している。

戦後の大きな変化とは住宅が購入するもの、すなわち商品になったことである。商品化は自己の再帰的プロジェクトやライフスタイルの確立に影響するとギデンズは指摘する（Giddens 1991=2021）。例えば、住宅に対する人びとの好みは社会経済的地位と関連することを明らかにしたピエール・ブルデュー（Bourdieu 2000＝2006）の調査結果と併せると、どのメーカーのどのようなタイプの住宅を購入し、どのような内装を選び、どのような家具を揃えるかに、人びとのアイデンティティとライフスタイルが反映され、また逆に形作られると理解できる。たしかに買い物は時に苦痛でもあるが、手に入れた商品によって自己を表現できる喜びをもたらすときも少なくない。

持家を買って住宅ローンを完済できれば万々歳である。しかし、完済できる人ばかりではない。住宅ローンを返済することができず、持家を失った人びとはどうなるか。怒り、悲しみ、スティグマを感じるようになる。イギリスでは持家を望ましいと考える社会規範があるため、持家を失うと「アンダークラス」あるいは「二級市民」であり、国家に「依存している」存在だと感じる。周囲の反応がそのような気持ちをいっそう強めることもある。そして、人間関係も変化したり、子どもの地位達成も難しくなる。持家の喪失は生活の質、社会経済的地位、アイデンティティ、家族内外の人間関係、将来の展望や心身の健康を損ない、それは個人的な損失にとどまらず社会的コストをもたらす。裏を返せば、かつてよりも住宅所有は不安定になったにもかかわらず人びとが住宅を所有しようとするのは、経済的な理由に加えてアイデンティティにも関連があるからである（Ford et al. 2001）。

住宅とアイデンティティとの密接な関連はフォードらが分析したイギリスだけではなく、フランスにも当てはまる。雇用が不安定だったり、失業したりすると外観が良くない住宅（低所得者向けの団地）に住むことになり、近親者にも援助してもらいにくく、団体活動への参加も少ない。そのような人びとが集中して住む団地にはネガティブなレッテルが貼られ（スティグマ化）、人びとの間にはネガティブな集合的アイデンティティが形成されるとポーガムは論じた（Paugam 2013=2016）(3)。

失業したり、破産して経済状態が悪くなったために持家を失ったり、民間賃貸住宅から低所得者向け賃貸住宅（社会賃貸住宅）に移った家族のメンタルヘルスの問題は、筆者がオランダで実施したインタビューでも聞いた（村上 2019）。

5　本書の分析視角

日本は戦前から戦後にかけて工業化を達成し、経済成長を経て豊かな社会となった。多くの若者は学校を卒業したのち、スムーズに就職することができた。そして、適齢期までには結婚して2～3人の子どもをもうけた。初めての住宅を購入し、しばらくその住宅に住んだ後は売却し、その利益でよりよい住宅に住み替えることもできた。女性は専業主婦になることができた。メイヤーは人びとの生き方が標準化したことをアメリカの自動車メーカーになぞらえて「フォーディズム型のライフコース」と名付けた（Mayer 2005）。この時代は学校教育、就業、引退など人生の各段階が明確に区切られていた。

だが、産業構造が転換した後期近代（ポスト工業（化）社会）は「ポストフォーディズム型のライフコース」となった。このような時代にはライフイベントの経験率は減少し、経験した場合でもタイミングが遅れるようになったり、個人の違いが目立つようになる。たとえば、未婚率は上昇しているし、平均初婚年齢は夫・妻とも上昇した。早く結婚する人もいる一方で、遅くに結婚する人もいる。学校から職業への移行、そして家族形成がスムーズに行われなくなった。人びとの価値観は変化し、家族のあり方は多様化している。そのため、親からの自立（離家）、就職、結婚、出産、住宅取得などのライフイベントの経験状況やそのタイミング、そしてそれらに影響する要因を探ることが重要な研究テーマになる。

このように考えて、本書は家族社会学のライフコース論と社会階層論に依拠して研究を進める。ライフコースとは教育経歴、職業経歴、兵役経歴、家族・親族経歴、宗教生活経歴、経済（消費）生活経歴、居住（地域）経歴など各種の生活経歴が束になったものである（石原 1991）。ライフコース論が発展する前に主流だったライフサイクル論・家族周期論は出来事の規則性や家族の集団性を重視する傾向があったため、家族のなかの個々人の違いに焦点が当たりにくかった。現代では子どもを持たなかったり、ライフイベントの発生順番が変わったり、複数回結婚するなどの新しい動向がみられるし、また家族成員それぞれに多様性がある。そのため、ライフサイクル論よりもライフコース論の方が適している。ライフコース論は一九八〇年代以降に大きく発展し、日本でも研究が進んだ（Hogan 1985; Mayer 2005; 森岡・青井編 1991）。

ライフコース論の研究者であるジールとエルダーやクローセンに基づいて少し専門的に定義するならば、ライフコースとは「個人が時間の経過の中で演じる社会的に定義された出来事や役割の配列」であり、役割とは「人間関係で個人の期待された行動に適用される規範や基準セット」である（Giele and Elder 1998=2003: 70; Clausen 1986=1987: 40）。ライフコース論は「時空間上の位置（文化的背景）」「結び合わされる人生（社会的統合）」「人間行為力（個人の目標志向性）」「人生のタイミング（戦略的適応）」といった要素が、人びとが歩む軌跡をそれぞれ異なったものにすると想定する（Giele and Elder 1998=2003: 49–52）。

これらの概念を本書に適用すると、第1章および第2章で示す各国の住宅レジームや福祉レジームは「時空間上の位置（文化的背景）」に相当する。人びとは同じ経験を共有している他の人びととの接触の結果として互いに作用し、また影響を与える。たとえば、（新築）住宅を所有することによって人びとは企業および日本社会の主要なメンバーとして統合される（平山 2009: 9–11）。まさに「結び合わされる人生（社会的統合）」である。そのために個人は住宅所有という目標を志向し、戦略的に適応しようとする。タイミング、つまりある程度の年齢までに結婚して子どものために住宅を購入することは経済合理的な選択であり、さらに子どものためや将来のリスクを考えて行動する親としてのアイデンティティの基礎ともなる。「戦略的適応」の具体例としては貯蓄をしたり、家計を引き締めたり、予算と希望をすり合わせたり、条件の良い借入先を探したり、ローン審査に有利になるように転職を控えたり、健康に気をつかったりなどの行動がしばしば観察できる。これら一連の行動は持家所有という親役割の遂行に係わる。

役割遂行に影響する要因には知力、容姿、体力、健康、気質などの個人の属性がある。その他、社会化（しつけや教育）、社会階級、人種、年齢、性、社会的ネットワーク、戦争や恐慌その他の社会変動、運不運など「個人が利用できる機会や環境の中で出合う障害」や「個人が自分自身のためにする努力（コミットメント）と目標達成のための総力結集度」があるとクローセンは列挙する（Clausen 1986=1987: 13-4）。ここにライフコース論と社会階層論を接合する意義がある。そこで本書ではライフコース論の分析手法を用いたり、これらの概念を踏まえて分析結果を解釈する。

なお、クローセンは社会階級と述べているが、社会階級と社会階層はある程度共通する概念である。社会階層について原・盛山（1999: 4-12）は「『社会的評価』や『威信』の概念を軸とし、さらに『社会的資源』の概念を加えて階層を序列づけられた社会的地位のハイアラーキー」と紹介する。日本ではマルクス主義的な立場が階級の語を使い、それ以外が階層の語を用いるが、欧米にはそのような使い分けはなく、階層は階級も含むより包括的な概念であると原たちは考えている。なお、実際に研究を進めるうえでは社会階層は職業によって定義されることが多いため、本書でも職業を分析の軸に据える。

6 持家とは何か——本書における定義

持家とは何か。日常生活ではマイホームと言うことも多いが、本書では主に持家という表現を使う。持家とは自己所有の住宅である。総務省統計局「住宅・土地統計調査」の定義によれば、「そこに居住している世帯が全部又は一部を所有している住宅」を指す（総務省統計局や先行研究で「持ち家」と表記されるが、本書では引用文以外、図表をふくめ「持家」と表記する）。登記がまだ済んでいない場合やローンなどの支払が完了していない場合でも、また、親の名義の住宅に住んでいる場合も持家と分類する。この定義は社会調査でも広く用いられている。

本書では購入したものであるか、土地建物の相続を受けたものか、あるいは親名義の住宅に住んでいるかどうかは区別せず、すべて持家とみなす。また、住宅ローンを完済したかどうか、それとも返済途中であるかどうかも問わない。なお、戸建か分譲マンションかは建て方の違いであり、こちらも区別しなかった。

そのほか本書で用いる表記（公的賃貸住宅、公団賃貸住宅、民間賃貸住宅、社宅）と総務省統計局の定義との対応も確認しておく。公的賃貸住宅は「公営の借家」を指す。都道府県・市区町村が所有又は管理する賃貸住宅で給与住宅でないもの、いわゆる「県営住宅」「市営住宅」などと呼ばれているものに相当する。公団賃貸住宅は「都市再生機構（UR）・公社の借家」に相当する。これは都市再生機構（UR）

又は都道府県・市区町村の住宅供給公社・住宅協会・開発公社などが所有又は管理する賃貸住宅で、「給与住宅」でないもの、いわゆる「UR賃貸住宅」、「公社住宅」などと呼ばれているものを指す。本書の民間賃貸住宅とは「民営借家」を指す。民間借家と表記する場合もある。これは「公営の借家」、「都市再生機構（UR）・公社の借家」又は「給与住宅」のいずれにも該当しない賃貸住宅である。「給与住宅」とは勤務先の会社・官公庁・団体などが所有又は管理していて、職務の都合上又は給与の一部として居住している住宅、いわゆる「社宅」「公務員住宅」などと呼ばれているものである。なお、家賃の支払の有無を問わず、また、勤務先の会社又は雇主が借りている一般の住宅にその従業員が住んでいる場合を含む。

なお、戦前は公団賃貸住宅はなく、現在のような公営賃貸住宅もなかった。どちらも一九五〇年代になってできたものだからである。本書では戦前の先行研究を引用する際は借家とだけ書く場合がある。

7　本書の構成

最後に本書の構成を示して、この章を締めくくりたい。第1章では日本の住宅政策の歴史を戦前から現在まで振り返る。戦前は借家が多かった日本社会は戦後に持家が多い社会へと変貌したが、社会階層ごとに異なる住宅政策を採用してきた点は変わらない。戦後の持家率上昇には家族の変化だけではなく、企業による労務管理も寄与していたことは日本の特徴のようだ。一九八〇年代になると政府は内需拡大や景気を刺激するための手段として持家を活用した。その後、住宅市場には民営化・市場化の波が押し寄せていく。

第2章ではケメニーのハウジング・レジーム論とエスピン＝アンデルセンの福祉レジーム論、そして後期近代における住宅と福祉国家の役割を説明するアセット・ベース型福祉国家論、さらに居住資本主義論における日本の特徴を確認する。日本では政府が人びとに持家取得を促してきたが、それは経済成長のためだけではなく持家を媒介とした親子間でのケアの交換もねらいであったと解釈できることを示す。この章は理論の整理検討が中心だが、住宅市場の民営化・市場化が急速に進んで持家率が上昇したオランダを取り上げ、インタビューや参与観察から現地に住む人びとの考え方や行動もあわせて伝えたい。

第3〜5章では量的調査と質的調査を併用することで日本における住宅取得のメカニズムを複合的に明らかにした[4]。第3章では量的データを用いて持家の取得タイミングに影響する主な要因が親との同居、親からの相続・生前贈与であり、それは夫の職業や妻の就業よりも持家所有に及ぼす効果が高いとの知見を得た。そこで第4章でも量的データを用いて親からの生前贈与の実態とその要因を分析した。親からの生前贈与を受け取った経験がある人は多くはないが、一回当たりの金額は大きい。夫婦それぞれの親からの生前贈与には関連があり、どちらかの親から受け取ればもう一方の親からも受け取りやすい。親が経済的に豊かであること、また子ども側に経済的ニーズがあることが親から子どもへの生前贈与に関連する要因であった。第3章および第4章の結果はおおむね福祉レジーム論が予想する通りであった。ただし、長男が生前贈与を受け取りやすいといった傾向は観察されず、きょうだい間の関係が平等になっていることが示唆される。

第5章は質的データを用いた分析である。首都圏で住宅を購入した人びとに対する複数回のインタビューから、住宅の購入にあたって家族は妥協をしたり、家計を引き締めたりするなどの対処行動をとっていることが確認された。しかし、妻の就業時間の増加はほとんどみられなかった。子どものために住宅を購入したという語りがしばしば聞かれたが、そこからは子どもが少なくとも自分とは同じくらいの社会経済的地位に到達して欲しい、あるいはもっとよい働き方をしてほしいという親のリスク回避志向がうかがえた。母親たちの子どもへの期待は自己アイデンティティを拡張しているものと解釈できる。親からの援助の有無や結婚・住宅購入のタイミング、妻の就業状況によって住宅購入の負担感は異なるが、話を聞かせてくれた対象者たちは将来への不安を語った。家族向けの賃貸住宅の供給が少なかったり、中古住宅の購入に関する情報が不十分だったりしたのでやむをえず新築住宅を買ったと話すケースもあった。これは日本が新築住宅の購入を中心とする社会を作ってきたためである。

終章では持家へのアクセスの不平等が親子関係と夫婦関係を通じて増幅される様相、また、経済的に合理的であろうとする人びとの行動が現在の社会の仕組みを維持・強化し続けることを指摘する。また、本書では十分に扱いきれなかった持家とジェンダーの問題、持家を媒介として親子間でケアを交換することの含意についても述べたい。最後に、空家問題や少子化問題も含め、日本の住宅問題を解決するための方策を提案する。

注

(1) 一般に民泊とは個人が所有する住宅の全部や一部を活用して旅行者に宿泊サービスを有料で提供するものであ

る。

（2） 住宅所有は階層帰属意識を高めたり（高田 2003）、生活満足度などを高めたりする（竹ノ下 2021）。

（3） 日本でも、失業や貧困状態への移行が男性の家族外サポート・ネットワークを喪失させる（永吉 2017）。仕事を失い、家族と別れ、それらの原因あるいは結果ともなる「失敗」を経験して、ホームレスになることがある（岩田 2000）。

（4） なお、「消費生活に関するパネル調査」開始時、そしてインタビュー調査実施時には、筆者の所属機関には研究倫理委員会は存在しなかったため、研究倫理審査は受けていない。ただし、中央調査社や日経リサーチ社とは十分に協議し、それぞれの会社および業界のガイドラインに従って個人情報の保護に努めた。オランダでのインタビュー実施にあたっては、桃山学院大学研究倫理審査委員会の審査を受けている。

第1章　日本が持家社会になったのはなぜか

1　はじめに――問題の所在

あなたが考える理想の暮らしは何だろう。理想の暮らしは人それぞれだが、誰とどこでどのように生活するか、住まいはどうするかは多くの人が重視するポイントではないだろうか。

最新のデータによれば日本の持家率は約6割である。ただし持家率が8割近い秋田県と富山県、5割に満たない沖縄県と東京都など地域による違いは大きいので、6割という数字はあくまで全国の平均である。他の国と比べるとアメリカやイギリスは65％前後、フランスは50％弱、ドイツは44％であるため、日本の持家率は比較的高い（総務省統計局「平成三〇年住宅・土地統計調査」；国土交通省 2022）。

しかし、戦前の日本は都市人口が少なく、人口の大半は農村に住んでいた。東京・大阪でも都市住民の大半は借家住まいであり、都市の持家率は低かった。都市近郊の持家に住む新中間層は一握りにすぎない。郊外の持家に住むというライフスタイルは日本では大正期に誕生したが、大多数の人びとにとっては手の届かない憧れだった。多くの人が憧れのライフスタイルを実現できるようになったのは一九七〇年代以降である。つまり、団塊世代が結婚・子育て期に入った時代であった。

戦後の高度成長期に地方から都市に移住した若者は学んだり働いたりしながら、結婚して子どもを持ち、寮・寄宿舎、職場へのすみこみ、家主・親戚の家やその離れ、下宿、木造アパート、公団アパート、公営住宅、長屋、社宅、賃貸マンション、分譲マンション、建売分譲住宅と徐々にステップアップしながら郊外の庭付き一戸建住宅での暮らしを目指した。このような住まいのキャリアを建築家の上田篤は「住宅双六」と名づけ、一九七三年一月の朝日新聞で発表した。

社会が豊かになるにつれて、すみこみ、離れ、下宿などの形態は消滅していった。これらは職場が指定する寮や家、あるいは他人の家の一部に住んだりする住居形態であり、住人にプライバシーはなかった。いまでも大学生は下宿あるいは下宿生という言葉を使うが、それはあくまで自宅通学生と対比した表現であり、現代の大学生は軽量鉄骨造のハイツ・コーポ、RC構造のワンルームマンションに一人で住むことが多い。木造アパートは少なくなり、耐震性の高い建築物が増えた。都市部ではタワーマンションが増えている。このような建物の変化はあるものの、戦後の持家率は約6割で推移してきた。

なぜ日本は「持家が多いだけではなく、人びとのマジョリティが住宅所有に価値があると判断し、持家取得をめざす」持家社会（平山 2009: 7）になったのだろうか。マジョリティが借家派から持家派へと変化したきっかけは何だったのか。なぜ人びとは借家暮らしを続けなかったのか。本章では日本で持家が主流になった歴史をたどる。

2　近代化と都市の住宅問題——戦前の住宅政策

2・1　都市の人口増加と住宅問題

日本では一八八〇年代から工業が発展して人口が増加し、都市に人口が集中するようになった（図1‐1）。第1回国勢調査が実施された一九二〇（大正九）年には東京・大阪・名古屋の三大都市圏の人口シェアは30％強であったが（図1‐2）、職業や教育の機会を求めて人びとは大都市圏に移動するようになった。

市域が拡張したので単純な比較はできないが、一八八九（明治二二）年の大阪市の人口は四七万二二四七人、世帯数は一〇万一七九に過ぎなかった。一九〇〇（明治三三）年には人口は八八万一三四四人、世帯数は二〇万四八七二と増加した。その後、一九二〇（大正九）年の人口は一二五万二九八三人と明治中期の3倍近くに膨れ上がった（大阪市 2022; 島田 2014）。

都市の状況は明治期にはすでに社会問題として認識されていた。工場労働者、職人、人足、人力車夫、くず拾い、芸人など都市下層民の職業や生活をリアルに描いたのが横山源之助『日本の下層社会』などのルポルタージュである。彼ら／彼女らの家計にとってもっとも負担が高いのは家賃であり、滞納することもしばしばあった。いまでは想像できないような狭い空間に複数世帯の家族が住む。家族といっても正式な手続きを経ているとは限らない。夫婦喧嘩も多く、親はいらだちを子どもにぶつける。労働者と親方の関係も薄い（横山 1949）。

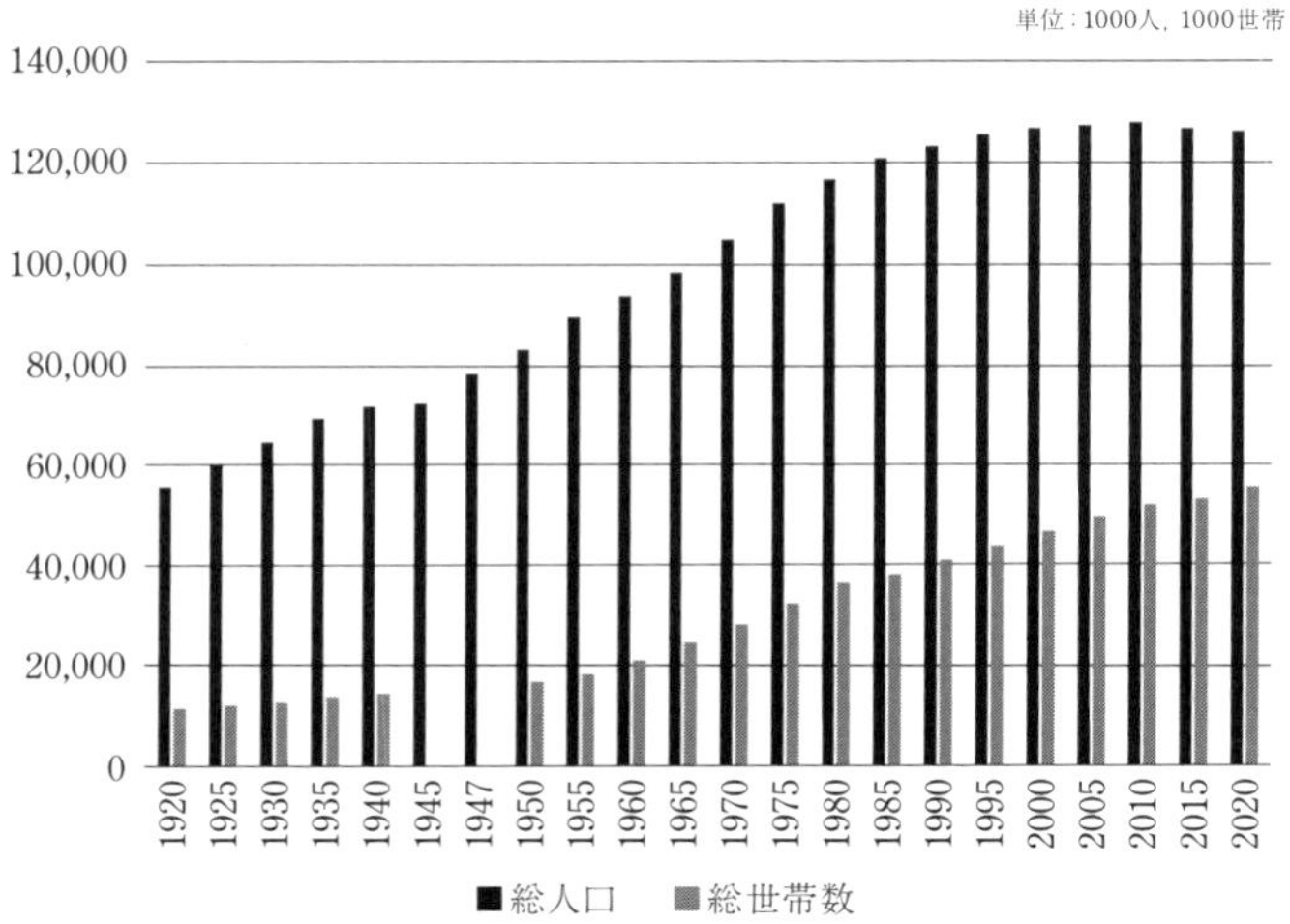

図 1-1 総人口と総世帯数の推移
出典：国立社会保障・人口問題研究所（2022b）表 1-1，表 7-1 より筆者作成。
元データは総務省統計局「国勢調査」。1945 ～ 65 年は沖縄県を含まない。

東京・大阪など大都市は借家住まいの人が圧倒的に多かったため、第一次世界大戦による好景気の波が押しよせるまでは都市の中間層以上にとって借家は始めやすくまた利益が多い副業だった。住宅が不足して家賃は高騰し、都市で働く労働者や中間層の借家探しが難しくなる。粗末な作りの長屋建設と無秩序な市街化は住宅環境の悪化と過密化をもたらす。都市にはスラムが生まれる。公衆衛生が悪化してコレラが流行したり、結核などの病気が蔓延したりする。人びとの健康は損なわれがちで、短命だった。例えば、一九二六～三〇（大正一五～昭和五）年の平均寿命は男性が44・82歳、女性は46・54歳に過ぎなかった。このような社会の矛盾を前に人びとは社会に不満を持つようになることをエンゲルスは描いた。日本でも米騒動、借家人運動や借家争議が発生した。大都市ではスラムクリアランス事業が実施されたが、大阪ではむしろスラムが拡がった（Engels 1872=1949; 小野 2014; 厚生労働省 2023; 佐賀 2022; 島田 2014; 住田 2015）。

住宅環境の悪い地域は「不良住宅地区」とよばれ、大阪では市長の関一（在任：一九二三〜一九三五）が改良事業を進めた。一方、政府は一九一七（大正六）年に内務省救護課を設けて救済事業調査会を設置し、小住宅改良要綱を示した。一九二一（大正一〇）年には借地法・借家法が施行され、一九二二（大正一一）年には借地借家調停法が公布された。政府は低所得層のためには公益住宅の建設を、新中間層のためには住宅組合を、さらに住宅会社を提案した。このような政府の対応は社会不安を解消して体制を維持することが目的だったが、大正デモクラシー、社会主義運動、改造思想・生活改善運動などの影響も無視できない。関一も社会改良主義をモットーとしていた。それでも、戦後の住宅政策につながる階層別の住宅政策がこの時期すでに確立されていたことは注目すべきである。結局、住宅組合もうまくいかず、住宅会社法案は財政難のため帝国議会に提出されなかった（原 1998; 本間 1987, 1988; 佐賀 2022; 住田 2015）。

2・2　郊外住宅地の誕生

都市環境の悪化を嫌厭した新中間層は郊外に住宅を求めた。新中間層とは事務、販売・サービス職に従事する俸給生活者、いわゆるサラリーマンであり、自営農や都市の商工業者などの旧中間層とは異なる。郊外とは「都市と通勤や通学、買い物や娯楽などの行き来によって結びついた」場所（若林 2007: 41）であるため、働く場である都心部と生活の場である郊外とを結ぶ道路や鉄道が必要となる。郊外の開発に大きな役割を果たしたのは私鉄である。

明治末から郊外住宅地の開発が始まった関西において代表的な存在が箕面有馬電鉄（のちの阪急電鉄）の小林一三（逸翁）である。小林は外国の電鉄会社を参考にして当時はまだ安かった土地を買収し、家賃よりも安い月賦金を設定して住宅地を販売した。パンフレットを作ったり、沿線に大学を誘致したり、かなりのアイデアマンだったようだ。他方、関東では一九二三（大正一二）年の関東大震災をきっかけに多くの人びとが郊外に移住した。私鉄はデパートやレジャーランドを路線の端に配置して「切符を売るだけでなく、ライフスタイルをも売り出し」た（猪瀬 2002a: 142）。NHKの朝ドラ「あさが来た」にも登場した実業家の渋沢栄一は田園都市株式会社を設立し、息子をイギリスなどに派遣してガーデンシティのまちづくりを学ばせて日本でも実現しようとしたが、職住が分離した日本の田園都市は職住近接のイギリスとは異なるものとなった（猪瀬 2002b; 蒲池 2008; 小林 2016; 住田 2015; 高嶋 2007; 中村 2007; 日本の土地百年研究会ほか編 2003）。

昭和に入っても人口と世帯数は増加し、都市人口は増えた（図1-1、図1-2）。総人口に占める三大都市圏の人口シェアは一九二〇（大正九）年には約3割だったが、東京と大阪を中心に徐々に増加していった。産業構造も変化し、第1次産業従事者が減少して第2次、第3次産業従事者が増加するようになった（図1-3）。

一九二〇〜三〇年代は金融恐慌や世界恐慌が発生した。革命や独立運動、その他さまざまな理由で人びとは国境を越えて移住した。また、日本を含む多くの国は土地や資源を求めて海外へと進出した。そのなかで一九三七（昭和一二）年には日中戦争が、一九三九（昭和一四）年には第二次世界大戦が勃発

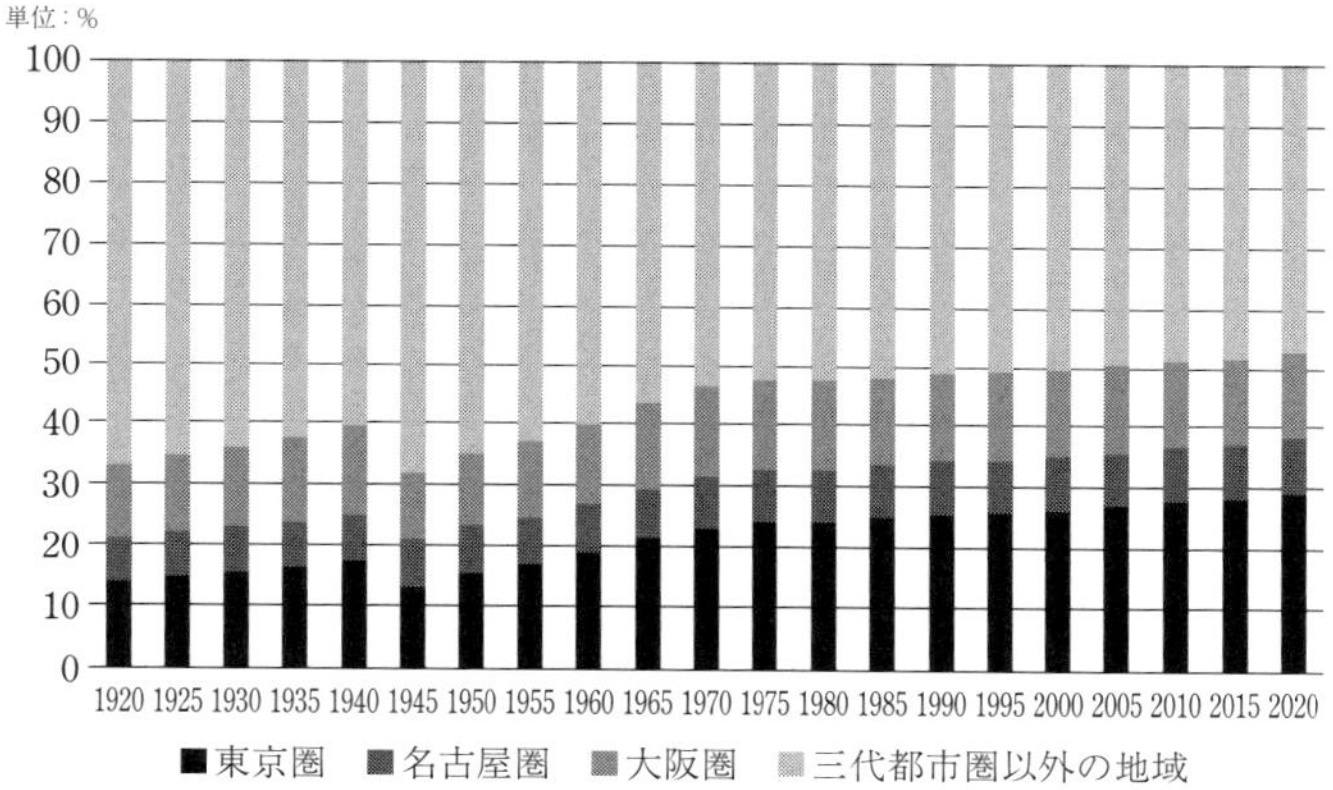

図 1-2　大都市圏の人口シェアの推移

出典：総務省統計局「国勢調査」より筆者作成。

東京圏：埼玉，千葉，東京，神奈川。名古屋圏：岐阜，愛知，三重。大阪圏：京都，大阪，兵庫，奈良。

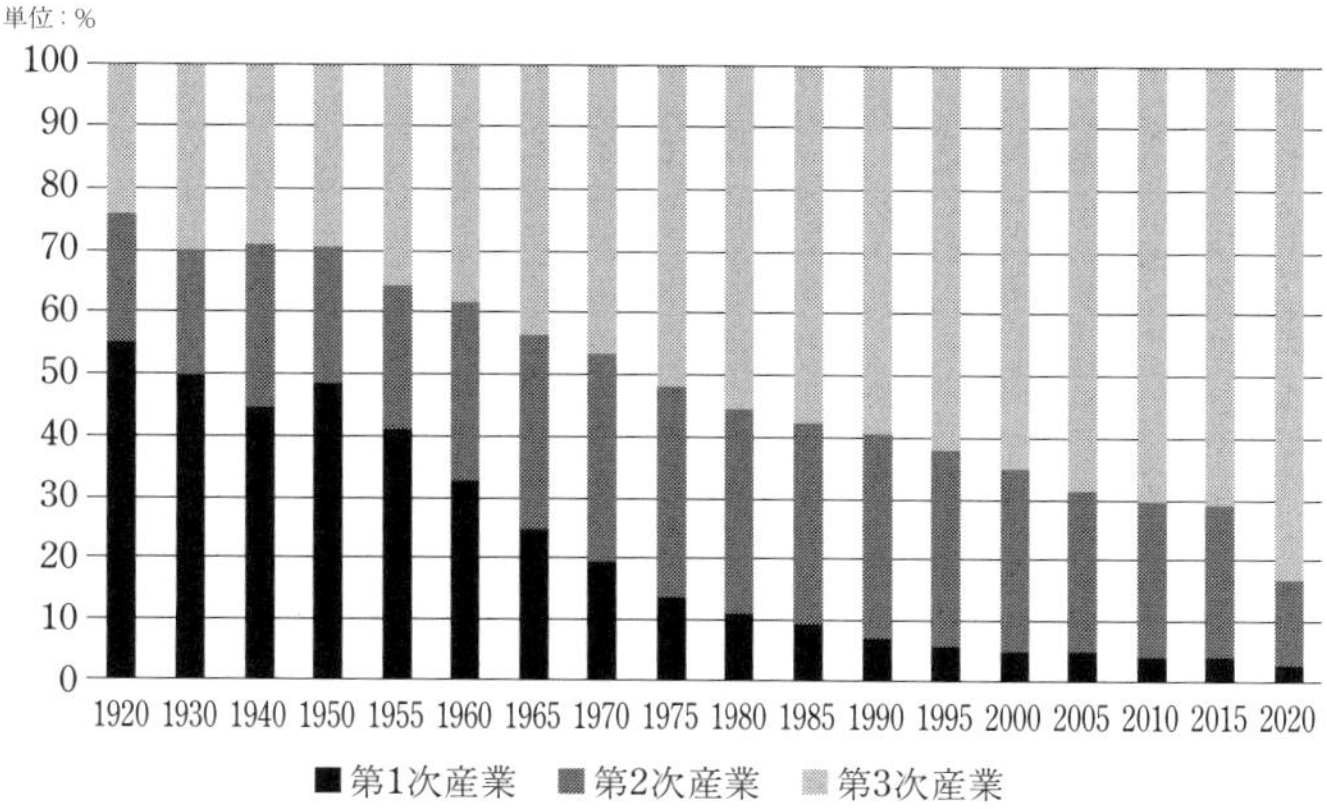

図 1-3 産業別人口構造の推移

出典：総務省統計局「国勢調査」より筆者作成。

した。

3　地代家賃統制令の影響──戦時中の住宅政策

戦時中の住宅政策の柱は地代家賃統制令、労務者住宅、貸家組合、住宅営団の4つであり、これらは生産力を拡充して戦争に勝つためであった。この時期には軍需産業地帯に工場と労務者が集中して住宅不足が深刻になったため、政府は一九三九（昭和一四）年に地代家賃統制令、一九四〇年には新統制令を施行し、一九四一年には借地法・借家法を改正した。これらの法律はインフレ下で家賃の上昇を抑えたので借家人にとってはメリットがある。一方で、家主にとってはメリットがないため、借家の供給が減少した。政府が住宅を直接供給しようとしたことが特徴的である。しかし、縦割り行政のためうまくいかなかったようだ。住宅営団は田園都市構想や住宅会社構想、そして関東大震災後に洋風のライフスタイルを提示した同潤会の延長として発足した（一九四一〔昭和一六〕年）。住宅営団は労務者や庶民向け住宅を旧植民地も含む全国に直接供給しようとしたが、資材確保が難しく戸数を優先して住宅の質を下げざるをえなかった（大本 1991; 本間 1987, 1988; 住田 2015; 西山夘三記念すまい・まちづくり文庫住宅営団研究会編 2000・2001）。

高岡（2011: 15, 168）は「生産力拡充を目的とする『社会国家』化が進展し」、「日本の福祉国家・社会保障制度の『骨格』や『原型』が戦時期に形成された」と指摘する。住宅政策については労務者のための住宅建設が優先されたこと、さらに住宅の質よりも戸数を重視した戦時中の住宅政策は戦後に通じるものがある。地代家賃統制令は現代の持家社会への地ならしをした。家主が借家の供給を控えたのは合理的な判断だったが、国民を戦争に動員するためのインフレ対策が持家取得を促したことは政府にとっては意図せざる結果だったというのは言いすぎだろうか。地代家賃統制令は戦後も存続し、一九八〇年代に「借り手保護」から「貸し手保護」へと住宅政策が転換するなかで廃止された。

4　住宅不足への対応——戦後復興期から高度経済成長期まで

4・1　深刻な住宅不足とＧＨＱの住宅政策

終戦直後、日本では約四二〇万戸の住宅が不足していた。住宅不足の原因は空襲による焼失、建物疎開という名目での住宅の取り壊し、戦争がなければ建設されたはずの住宅が建設されなかったこと、そして旧植民地や戦地からの引揚者が日本国内に戻って人口が増加したことである。

戦後、ただちに簡易越冬住宅の建設が始まった。一九四五（昭和二〇）年には戦災復興院が設置され、初代総裁には小林一三が就任した。校舎など焼け残った建物やバスまでもが住宅になった。政府は映画館などの建築を制限したり、地方から都市への人びとの転入も制限したりした。それでもなお、建築資材・資金や労働者が不足し、くわえて食糧生産、占領軍向け住宅の建設や生活用品の生産が優先されたため、住宅建設はなかなか進まなかった[1]。さらに、戦後一〇年間は自然災害が多く、その復興作業をしたり、河川や道路の整備が優先されたことも住宅不足が解消しなかった原因である（大本 1991; 本間 1988, 2004; 住田 2015）。

一九四五年九月には特別都市計画法が制定された。道路の幅員を拡げたり、駅前広場を設けたり、公園などの緑地を市街地面積の一割以上としたり、市街地の外周には緑地帯を設けるなど理想的な計画だったが、資材・資金・人材の不足、さらにGHQからの反対やインフレ対策（ドッジ・ライン）が優先されて計画が見直され、理想は実現しなかった（国立公文書館 n.d.）。

GHQは戦時中に設立された住宅営団の閉鎖を命じたため、営団賃貸住宅は入居者に払い下げられた。GHQは財産税の徴収も命じ、家主が物納した借家が買い取られた結果、借家が多かった大都市でも持家率が上昇した。以上が要因となって戦後すぐに持家率が高くなった。GHQは物価の安定と社会の安定を重視したため、地代家賃統制令は形を変えて存続した。そこで、家主は入居者から敷金を無利子で預かり、敷金を運用して家賃の不足分を補った[2]（蒲池 2008; 住田 2015; 日本の土地百年研究会ほか編 2003）。

失業対策を兼ねて国庫補助庶民住宅も建設された。これは終戦直後の応急簡易越冬住宅を引き継いだものであり、のちに公営住宅へと発展するが、住宅の質は低かった（大本 1991; 住田 2015; 日本の土地百年研究会編 2003）。

一九四六（昭和二一）年には傾斜生産方式の導入が閣議決定され、石炭や鉄鋼など基幹産業に従事する労働者の住宅建設が進んだ。これは戦時中の労務者住宅をほうふつとさせる。一九四八（昭和二三）年には戦災復興院と内務省土木局が建設院となり、その後すぐに建設省となった。この頃には住宅をめぐる建設省と厚生省の所管争いがあり、最終的には建設省が主導権を握ることになった。それ以来、日本の住宅政策は社会政策というよりも国土復興・経済再建政策としての性格が強くなっている（住田 2015; 原田 1985）。

4・2　住宅の55年体制の確立

戦後日本の住宅政策は戦前の政策の影響だけではなく、ＧＨＱの影響も大きかった。一九五一（昭和二六）年にサンフランシスコ平和条約が調印され、翌年には連合国軍による日本占領が終結した。一九五〇年代には住宅金融公庫法と公営住宅法と日本住宅公団法の住宅三法、いわゆる三本柱が制定された。住宅研究者はこれを「住宅の55年体制」と呼ぶが、誰が最初に言いだしたかはっきりしない。いずれにせよ「政治の55年体制」と「家族の戦後体制」（落合 2019）とあわせて戦後日本の基本的な仕組みができた。

まず、一九五〇（昭和二五）年に住宅金融公庫法が公布され、住宅金融公庫（以下、公庫と表記）が発足した。公庫は日本政府とＧＨＱとの覚書をもとに設立された政府出資による金融機関である。公庫の融資対象は戦災で家が焼失したものの土地は残っていた恵まれた層である。公庫は長期低金利で個人に資金を融資して住宅建設を促し、同時に頭金としてタンス預金を引き出す狙いもあった。個人の自助努力による住宅所有を促す持家政策が最初に確立した。評価できる点としては、融資基準を設定することで住宅の質の向上を目指したことである。公庫は政府の経済政策を実現するための重要な手段として融資対象を拡大していった。一九五四年には電鉄業界などの要望に応えて特定の民間企業が発売する建売住宅への融資を始めた。その後も融資対象は拡大していく（大本 1991; 住田 2015; 原田 1985; 本間 1987; 松田 1998）。

続いて一九五一（昭和二六）年には公営住宅法が施行された。都営住宅・県営住宅・市営住宅などと呼ばれる公営住宅は、終戦直後の簡易越冬住宅と国庫補助庶民住宅の流れを組む低所得者向けの賃貸住宅である。当初、建設省は住宅扶助受給層より上の階層を入居者として想定していたが、厚生省との調整の結果、第二種と第一種の二つの入居基準を設定して枠を拡げた。第二種と第一種の違いは国の補助率の違いであり、第二種のほうが国の補助率が高い。そのため、第二種のほうが第一種よりも入居基準収入が低く、住戸面積も狭い（なお、平成八年の法改正で第二種と第一種の区分は廃止された）。

「三本柱」の最後は一九五五（昭和三〇）年の日本住宅公団法である。日本住宅公団（以下、公団）は鳩山内閣（在任：一九五四〜一九五六）の目玉政策であった。公団は同潤会と住宅営団の延長にある組織で中間層を対象としていた。公団の設立によって、国の財政負担を押さえながら複数の自治体をまたぐ広い地域に住宅を建設できるようになった。財源は財政投融資と保険会社からの資金である。「団地サイズ」も予算制約のなかでできるだけ多くの住宅を建設するために考えだされた。公団は単なる三本目の柱ではない。つまり公団設立の背景には「公営住宅は低所得者向けのものであることを一層はっきりさせる」政府の意図があった（原田 1985: 366; cf. 大本 1991; 住田 2015）[3]。

公営賃貸住宅も公団賃貸住宅も「団地」と呼ばれることが多く、公的な性格が共通するために両者は混同されやすい。両者の違いは家主と入居者の経済状況である。公営賃貸住宅は国と地方公共団体が協力し、地方公共団体が公営住宅の建設、買取り又は借上げを行う（公営住宅法第1〜4条）。公団賃貸住宅にも家賃減額制度があるが、公営住宅法第1条は公営住宅が低所得者向け賃貸住宅であることを明記している。一方、公団賃貸住宅を供給・管理するのは公団（現在は独立行政法人都市再生機構、略称UR都市機構）である（日本住宅公団法第一条および独立行政法人都市再生機構法第3条）。つまり、住宅三法は戦前と同様に階層別の住宅政策である。

4・3 憧れの団地ライフとまちづくり

公団には日本の風景と人びとの生活を変えるインパクトがあった。なかでも「『居住様式の新しさ』と『まちづくり』をめざしたこと」が革命的であったと多和田（2017: 11）は振り返る。標準設計に基づいた間取り（いわゆるLDK形式）、専用の浴室、シリンダー錠によるプライバシーの確保[4]は、従来の住宅にはなかった新しいものである。食事室（ダイニング）と台所（キッチン）が一体となったダイニングキッチンは限られたスペースを有効に活用し、また主婦の食事作りを楽にした。それまでの人造石研ぎ出し（人研ぎ）の流し台に代わってぴかぴかのステンレスの流し台が設置された。ダイニングキッチン開発秘話はNHKの「プロジェクトX」シリーズでも取り上げられたほど挑戦的な試みであった。

公団の団地には入居希望者が殺到し、応募倍率は100倍を記録したという。一九五八（昭和三三）年には『週刊朝日』が団地特集を組み、「団地族」は流行語になった。一九六〇（昭和三五）年には当時の皇太子夫妻（現在の上皇夫妻）が、ひばりが丘団地を視察したことはよく知られている。六〇年代中ごろからは全国でルームエアコン、カラーテレビ、乗用車（新・三種の神器）が普及したが（図1-4）、子育て中のファミリー層が大半で、年収の高い団地では家電製品の普及率も一般世帯と比べて高かった（長谷田編 2015; 松田 1998）。

公団を受け入れた地方自治体はインフラを整備したが、新しい設備などのある団地に住む新住民とそうではない旧住民との間で軋轢も生じた。団地住民は血縁や地縁から切り離された人が多く、自主保育、

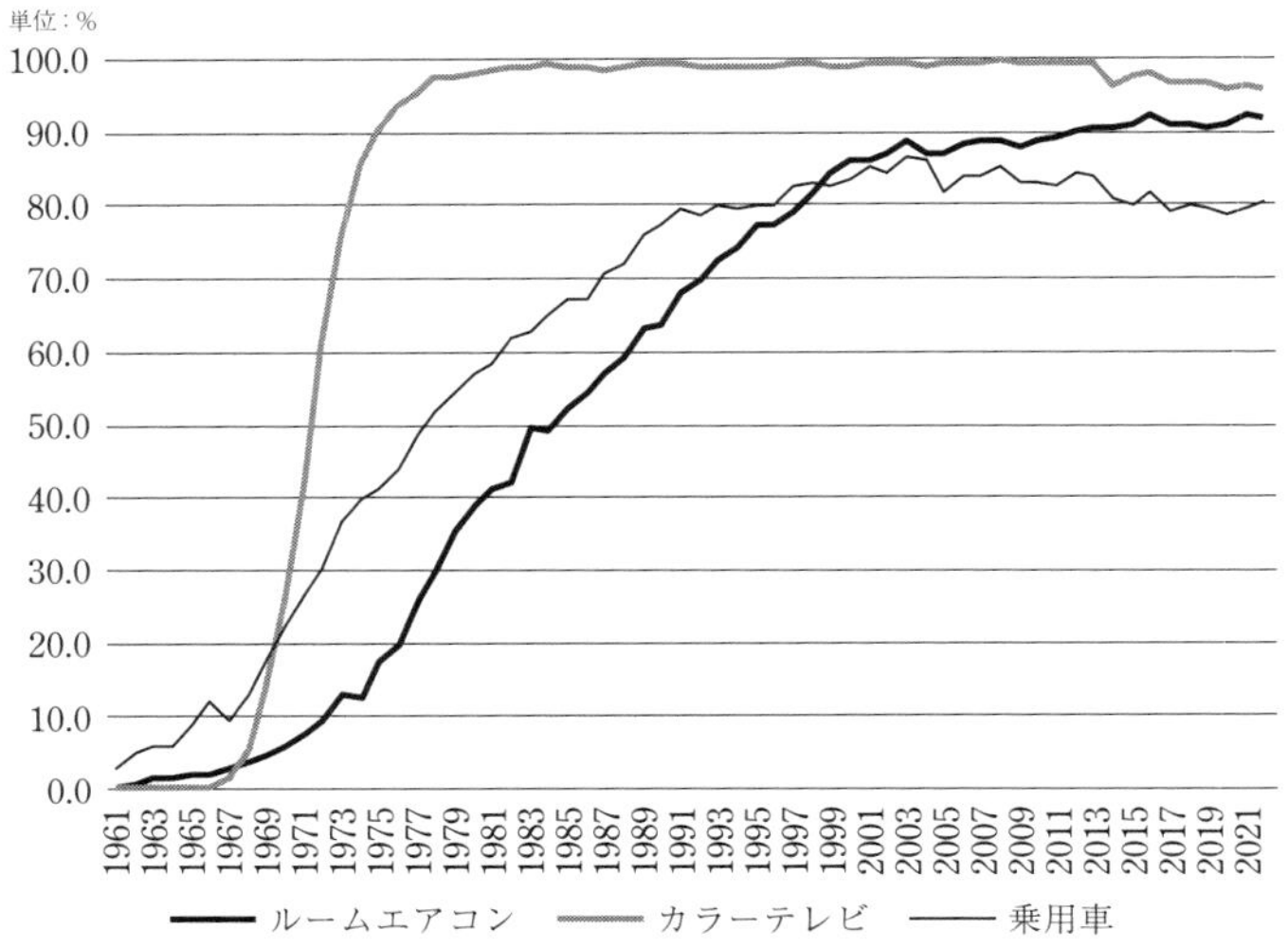

図 1-4　ルームエアコン，カラーテレビ，乗用車の普及率（二人以上の世帯）

出典：内閣府「消費動向調査」より筆者作成。

交通問題や物品の共同購入の取り組みが始まり、のちには給食サービスや家事介護の助け合い組織ができたところもある。自治会が結成されて革新的な政治意識も生まれたという。都内では西武線沿線に多くの公団が建設されて共産党勢力が強かったが、これは西武グループのオーナー堤康次郎の信条とは異なる「大いなる歴史的皮肉」だと原は述べる（原 2019: 276, cf. 石島 2019; 多和田 2017; 名和田・松本 2005）。

4・4　都市人口の増大と持家率の低下

人口と世帯数は順調に増えた（図1-1）。一九六八年から一九七三年にかけて持家率が一時的に下がったのは（表1-1）、よりよい教育や職業の機会を求める若者が地方から大都市圏へと移動して（図1-2、図1-5）、借家の需要が高まったからである。地方からの若年単身者向け木賃アパートは国鉄沿いに多数建てられ、

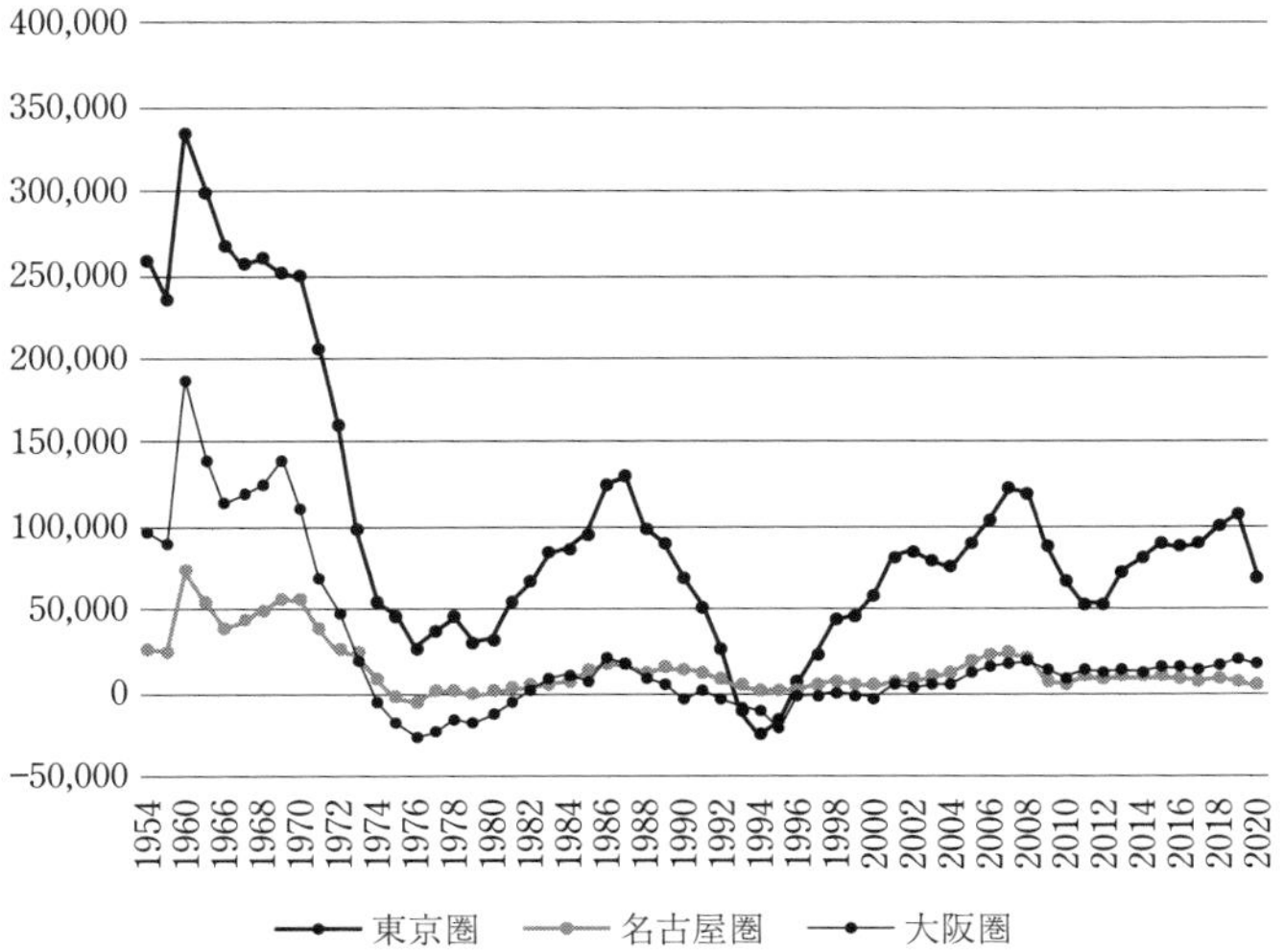

図 1-5　非大都市圏から 3 大都市圏への転入超過数

出典：国立社会保障・人口問題研究所（2022b）表 9-3 より筆者作成。
東京圏：埼玉，千葉，東京，神奈川の 1 都 3 県。名古屋圏：岐阜，愛知，三重の 3 県。大阪圏：京都，大阪，兵庫，奈良の 2 府 2 県。

「建築基準法違反の低質のものが多かったが、住宅〔不足〕緩和の点から黙過された」ようである（猪木 2013: 179)。新設（新築）住宅が増えたため住宅ストック総数は増えたが（図1‐6、表1‐2）、それでもなお一部の地域では住宅は不足していた。

住宅不足の主な原因はミスマッチである。「その他の親族世帯」（たとえば、夫婦と子ども、夫婦の親が一緒に住むいわゆる三世代世帯など）の割合が減少して「核家族世帯」（夫婦のみの世帯、夫婦と子どもの世帯、父親と子どもの世帯、母親と子どもの世帯）が増加したからである。人口が増えて世帯規模が小さくなれば世帯数は増加する（図1‐1）。住宅が不足すれば家主（貸し手）の立場は入居希望者（借り手）の

表 1-1　世帯数及び住宅戸数の推移

			1968	1973	1978	1983	1988	1993	1998	2003	2008	2013	2018
総世帯数（A）		千世帯	25,320	29,651	32,835	35,197	37,812	41,159	44,360	47,255	49,973	52,453	54,001
普通世帯数（B）		千世帯	24,687	29,103	32,434	34,907	37,563	40,934	44,134	47,083	49,805	52,298	53,788
住宅総数（C）		千　戸	25,591	31,059	35,451	38,607	42,007	45,879	50,246	53,891	57586	60,629	62,407
1 世帯当たりの戸数（C／A）		戸	1.01	1.05	1.08	1.10	1.11	1.11	1.13	1.14	1.15	1.16	1.16
人の居住する住宅（C－E）		千　戸	24,198	28,731	32,189	34,705	37,413	40,773	43,922	46,863	49598	52,102	53,616
持家比率		%	60.3	59.2	60.4	62.4	61.3	59.8	60.3	61.2	61.1	61.7	61.2
空家等	空家（D）	千　戸	1,034	1,720	2,679	3,302	3,940	4,476	5,764	6,593	7568	8,196	8,489
	D／C（狭義の空家率）	%	4.0	5.5	7.6	8.6	9.4	9.8	11.5	12.2	13.1	13.5	13.6
	一時現在者のみの住宅	千　戸	186	344	318	447	435	429	394	326	326	243	217
	建築中の住宅	千　戸	173	264	264	154	218	201	166	109	93	88	86
	居住世帯なしの住宅（E）	千　戸	1,393	2,328	3,262	3,902	4,594	5,106	6,324	7,028	7988	8,526	8,791
	E／C（広義の空家率）	%	5.4	7.5	9.2	10.1	10.9	11.1	12.6	13.0	13.9	14.1	14.1

出典：国土交通省（2022）より筆者作成。元データは総務省統計局「住宅・土地統計調査」。

立場よりも強くなる。その結果、家賃が高騰したり、賃貸契約の更新が二年ごとになったり、子どもがいる家族は入居を拒否されることも民間賃貸住宅ではあったようだ。そこで子どもを持つ家族のために住宅建設が必要になり、郊外での計画的な住宅供給が必要になった（大本 1991; 山口 2015）。

4・5　団塊世代の家族形成と郊外の拡大

人口が多い団塊世代（一九四七～一九四九年生まれ）の需要に応えるため、団地は高層化・大型化し、ニュータウンへと発展した。一九六二（昭和三八）年の新市街地開発法前後から千里ニュータウン、多摩ニュータウン、高蔵寺ニュータウンなど各地でニュータウンが開発された。ニュータウンとは一九五五（昭和三〇）年度以降に郊外で着手された事業である。そして地区面積16 ha以上、計画戸数一〇〇〇戸以上又は計画人口三〇〇〇人以上の増加を計画した事業といった条件を満たす住宅地として開発された地域である。この定義からもうかがえるようにニュータウンと従来の団地は規模、開発主体、開発年数や開発方法が異なる（大谷 2020; 国土交通省土地・建設産業局 n. d.）。

日本初の大規模ニュータウンである千里ニュータウンの開発主体は大阪府企業局である。多摩ニュータウンの事業主体は東京都・東京都住宅供給公社・公団などだった。高蔵寺ニュータウンは公団が開発した。

4・6　消費社会と近代家族の大衆化

本章の「はじめに」で述べた、住み替えを繰り返して郊外の庭付き一戸建住宅を手に入れる「住宅双

表 1-2　住宅の所有形態別ストック数

単位：千戸

調査年	住宅総数	居住世帯のある住宅	持家	借家				
				借家計	公営	都市再生機構・公社	民営	給与住宅
1963	21,090	20,372	13,093	7,281	944		4,904	1,433
1968	25,591	24,198	14,594	9,604	1,403		6,527	1,674
1973	31,059	28,731	17,007	11,723	1,995		7,889	1,839
1978	35,451	32,189	19,428	12,689	2,442		8,408	1,839
1983	38,607	34,705	21,650	12,951	2,645		8,487	1,819
1988	42,007	37,413	22,948	14,015	2,799		9,666	1,550
1993	45,879	40,773	24,376	15,691	2,878		10,762	2,051
1998	50,246	43,922	26,468	16,730	2,951		12,050	1,729
2003	53,891	46,863	28,666	17,166	3,119		12,561	1,486
2008	57,586	49,598	30,316	17,770	3,007		13,366	1,398
2013	60,629	52,102	32,166	18,519	2,814		14,583	1,122
2018	62,407	53,616	32,802	19,065	2,670		15,295	1,100

出典：国土交通省（2022）より筆者作成。元データは総務省統計局「住宅・土地統計調査」。

六」は人口が増加し、経済が成長する時代の理想のライフコースである。団塊世代の女性が結婚・出産期に入った一九七〇年代に「『ニューファミリー』という言葉とともに、家族が……『消費の単位』として確立」し、「消費をし、家電やクルマや住宅を買うことによって初めて家族は家族」となったと三浦（1999: 16, 29）は指摘する。そして、その背後にはアメリカのホームドラマの影響やファシズムとコミュニズムへの対抗意識があると三浦（1999）は分析する。

一九七〇年代後半には団塊世代の女性たちは30代になり、子どもが成長し、郊外での戸建持家志向が高まった。ハイデンによれば「郊外一戸建て住宅は、経済的成功と社会的地位の上昇を目指すアメリカン・ドリームと切り離しがたいもの」として「労働を効率的にするための性的分業の舞台装置」となったが（Hayden 1984=1991: 19, 44）、これは日本でも同様である。郊外の戸建住宅に住む性別役割分業型の核家族（いわゆる近代家族）は日本では大正期に誕生したが、社会が豊かになるにつれて徐々に一般にも普及していった。アメリカでは一九六〇年代になると郊外生活は批判されるようになり、第二波フェミニズムが世界中にインパクトを及ぼしたが、日本では一九七〇年代半ばに女子労働力率が低くなり、「女性は主婦化」した（落合 2019: 18–21）。

4・7　メディアの影響と住宅産業の発達

メディアも住宅産業も持家の普及に貢献した。借家が主流だった昭和初期でも人びとは郊外住宅地や都心のデパートで住宅展覧会をみたり、雑誌で住宅記事を読んで理想の住居を思いえがいた。それは単なる娯楽にとどまらず、「社会的上昇を目指す個人・世帯単位の意欲が、住宅の商品としての価値を高め」住宅産業はその意欲を支えた。つまり、「住居は、消費者にとっても、専門家にとっても、また国民国家にとっても象徴闘争の舞台」だった（祐成 2008: 52）。

戦後はアメリカのホームドラマや広告が人びとの消費行動に影響を与えた。「住宅を建てたり、購入したりすることが、たんに『持ち家』を手に入れるだけではなく、ささやかな『家庭の幸福』を手に入れるという神話的な観念やイメージ」を含むように広告が作用した（山本 2014: 122）。一九七〇年代は住宅広告が増え、インテリア雑誌も多数創刊された（三浦 1999）。現在でも住宅や車の広告は家族が集まるお盆や年末年始に多く、住宅や車が家族にとって欠かせないことを象徴している[5]。

都市に地縁や血縁を持たない地方出身者は住宅展示場に足を運んだ。アメリカでは一八九〇年代にモデル住宅と住宅展示場が登場したことをレヴィットは明らかにしている（Leavitt 2002=2014）。日本でも戦前から住宅博覧会があったが、戦後の住宅展示場は一か所で実物をたしかめることができ、「住宅を選別する目を養い、あるいは夢と現実を突き合わせて認識する実習の場」として人びとの人気を集めた（松田 1998: 69）。

住宅展示場はプレハブ住宅産業の営業手法である。プレハブとは部品の一部をあらかじめ工場で組み立てておく「プレファブリケーション」を省略した言葉である。戦後にプレハブ住宅産業が本格的に発展した理由は、安く早く大量の住宅を供給するために住宅の規格化・工業化が求められたからである。日本には住宅を量産できる技術や集中した住宅地があったほか、安定した生産を維持できる需要が存在したことも業界の発展に寄与した。実際には各メーカーが売上高を確保するために高品質・高機能な企画提案型住宅を売り出したり、営業費用を必要としたため、あまりコストダウンにはならなかった。プレハブ住宅の原点は一九五九（昭和三四）年に大和ハウスが発売したミゼットハウスというのが定説だが、一九六二（昭和三七）年にはプレハブ住宅が公庫融資の対象となったため、プレハブ住宅の人気は高まった。積水ハウス、大和ハウス工業、ミサワホーム、旭化成ホームズなどが全国に支社を持つ住宅メーカーであるが、一九六八年にはメーカーが50社を超えて「住宅産業」という言葉が生まれた（井関 2015; 稲葉 2014; 鈴木 2013; 住田 2015; 松田 1998）。(6)

4・8　土地価格の上昇とさらなる持家志向の高まり

土地の商品化は明治初期から始まっていたが（日本の土地百年研究会ほか編 2003）、戦後の一時期までは土地は安かった。だからこそ、小林一三が北大阪の土地を安く購入し、鉄道を敷設して巨額の富を得ることができた。「貯金の代わりに土地を購入しておいても昭和十年代に限っていえば、得をするどころか損」で、終戦直後でも「宅地が1坪、たばこのピース1箱代」だったという（大本 1991: 199）。その後、インフレによる「財産の目減りを土地を購入することで防ぐ、という生活の智恵が一般化」（猪瀬 2002a: 173-4）した。土地の価格が上昇したため住宅取得費用は高くなったが、インフレが進んでいたために返済の負担は大きくなかった。そして地価の上昇や家族形態の変化が持家に「社会保障としての機能」を持たせ（三宅 1996: 213）、人びとの持家志向はさらに高まった（日本の土地百年研究会ほか編 2003）。土地が値上がりすれば含み益が増えるため、土地を購入した個人は値上がりを歓迎した。しかし、公団にとってはそうでなかった。土地の値上がりは建設コストの上昇をもたらす。公団賃貸住宅は家賃が高くなり、家は狭くなり、立地が不便になった。公団が土地を買えば買うほど土地の値段がさらに上昇したため、公団は住宅建設五箇年計画が定めた建設戸数目標を達成できなかった。そして、一九六二（昭和三七）年に区分所有法が制定され、一九五六（昭和三一）年に地代家賃統制令が改正されると民間賃貸住宅が増えたので（周藤 2021）、不便な公団賃貸住宅よりも民間マンションを選ぶ人びとが増えて、公団には空家が増えた。空家が増えれば家賃収入は期待できない。未利用地や用地を取得するための借入金利子も公団の経営を圧迫した。公団は家賃を値上げしようとしたが、家賃は入居者にとっては生活に直結する大きな問題である。自治会による反対運動が発生して裁判は長期に及んだ。建て替えも争点となった（大本 1991; 多和田 2017; 本間 2004）。

公営賃貸住宅もまた建設コストを抑えるため、駅や公共施設・商業施設から遠く離れた安い土地を求めた。公共施設から離れていれば生活は不便になる。地価が安い高速道路の近くでは一日中騒音があり、空気も汚れがちである。

つまり、土地が値上がりしたため、日本では質・量ともに十分な公団賃貸住宅や公営賃貸住宅が供給されなかった。そのうえ収入基準超過や建て替えによる退去要請、そして家賃の値上げがあれば同じ場所に安心して住み続けられる保証はない。民間賃貸住宅も退去要請や家賃の値上げがありうる。そうなれば、人びとは安心して住み続けられる場所を求めて持家を取得したほうがよいと判断するだろう。

「社会開発」を掲げた佐藤内閣（在任：一九六四〜一九七二）は持家政策をさらに推進した。各都道府県にある住宅供給公社が公庫融資の受け皿となり、中間層向けの分譲住宅供給を推進した。いったん低下した持家率は一九七〇年代中頃から上昇する。表1－1と表1－2は全国の数値であるため、ここでは各都道府県の状態はわからないが、七〇年代前半にはすべての都道府県において住宅数が世帯数を上回り、住宅不足は解消した。それにもかかわらず賃貸住宅、つまり借家建設も増加しているのは（図1－6）、人口増加と三大都市圏への人口流入が続き、ニーズがあったからである。賃貸住宅の経営は農家にとって有利な副業であり、相続税対策としても活用された。公団も地主にすすめた（大本 1991; 日本の土地百年研究会ほか編 2003）。同時期に借家建設に並行して持家の建設が続いたのは良質な住宅を求める建て替えニーズもあったためではないか。給与住宅（社宅）の建設も増えており、ニーズが高かったようだ。

4・9　公営住宅へのまなざし

すでにみたように公営賃貸住宅は低所得者向けの住宅である。居住面積は狭く、建物の質や立地はかならずしも良くない。家の中に浴室はあっても浴槽がない大阪市のようなケースもある。ただし、現在

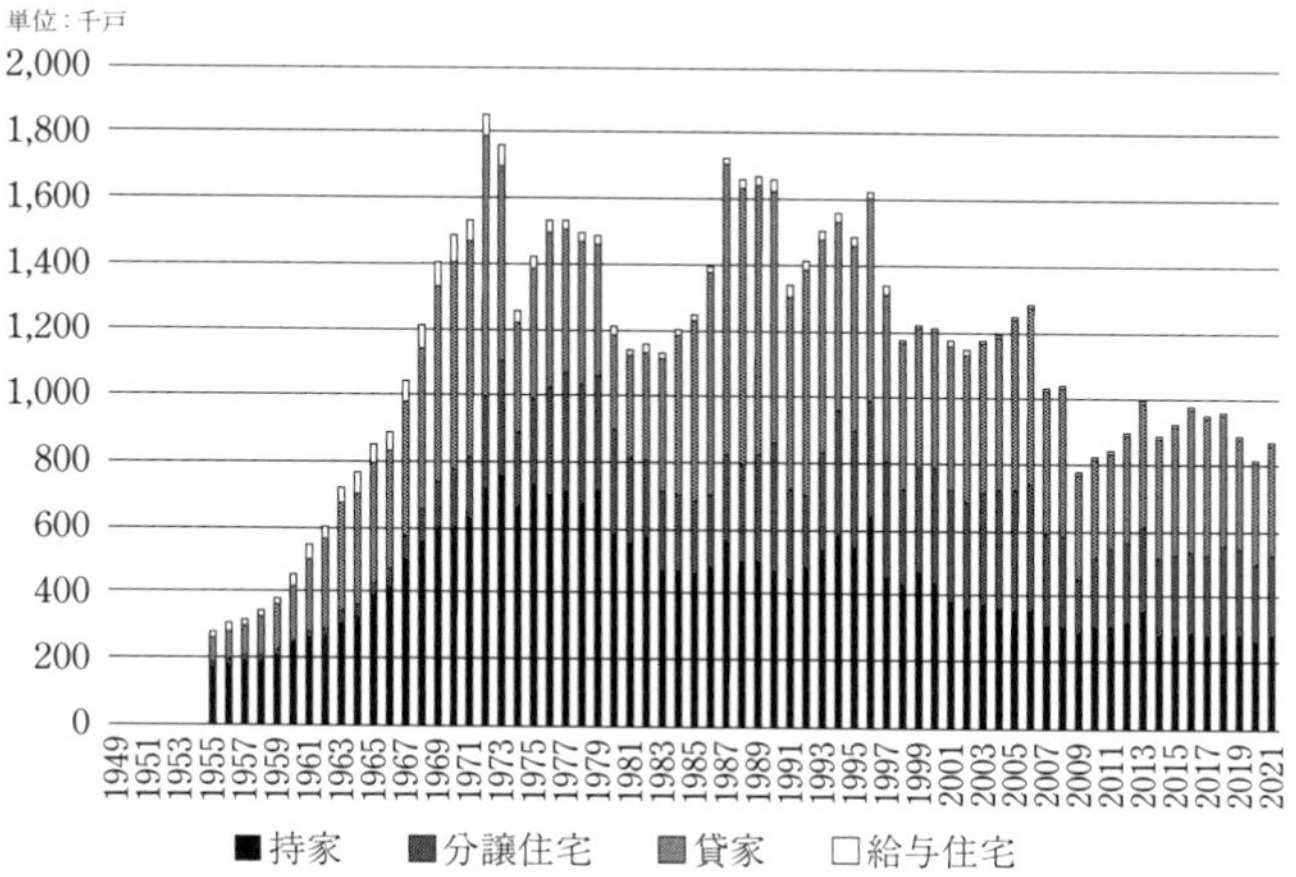

図 1-6　新設住宅着工数の推移（年度）

出典：国土交通省「住宅着工統計」より筆者作成。

の入居基準とはずいぶん異なり、当初は議員やジャーナリストにも特別入居枠が割り当てられていたという。その後、公営住宅法は何度も改正されて入居条件は厳しくなっていく。とくに一九五九（昭和三四）年、一九六九（昭和四四）年の改正は高額所得者の明け渡しを促すものであり、公営賃貸住宅＝低所得者向けとのイメージを強化した。そのため、「著しく低収入の人達が……団地形式で居住することに伴うある種の荒廃と差別意識とか、地方自治体側の公営住宅に対する敬遠感の発生などに至る諸問題」が生み出された（原田 1985: 378; cf. 大本 1991; 本間 2004）。

社会経済的に恵まれた人びとは公営賃貸住宅やその地域に住むことを避けるようになるし、そこに元から住んでいた人びとも収入が増えると別の地域へと移動していく。その結果、社会経済的特性が違う人びとの棲み分けが生じる。社会経済的に不利な人びとが住む地域は開発が進まず、人びとのライフ・チャンスや健康などに負の影響を与え、社会経済的格差が再生産され、さらにその地域が敬遠されるという悪循環が続く。ある特定の望ましくない属性をアーヴィン・ゴフマンはスティグマと呼び、人びとはスティグマのある他者を差別してライフ・チャンスを狭めると指摘した（Goffman 1963=2012）。ゴフマンは肉体上の奇形、個人の性格上の欠点、そして人種、民族、宗教など集団に帰属されるものをスティグマの例として挙げるが、公営賃貸住宅居住者という集団にもスティグマ、すなわち偏見やレッテルが貼られてきた。

のちに官房審議官となった川島博は、住宅研究者大本圭野のインタビューに答えて「貧乏人は切り捨てる。……日本の復興に貢献する人をさておいて、お荷物になる人だけを優遇していたら、日本国家の再建はできない」と建設省の立場を代弁した。続けて、「五年もたって収入が上がれば、公営住宅から出て行ってもらえば」よく、「入居希望者があって政府が困る」ことがないように入居者に払い下げをしようと考えていたが、これは「大きな誤算」だったと回顧する（大本 1991: 275-6, 283）。

「社会のお荷物」という川島の言葉は、国家にとっては経済成長に貢献できる人が望ましいという価値観を率直に反映している。公営賃貸住宅における高額所得者の明け渡し、払い下げの禁止、そして住宅の質の低さは公営賃貸住宅に住んでいる人びととそれ以外の人びととの違いをはっきりさせ、それ以外の人びとが不公平感を持たないようにという「配慮」なのだろう。人びとの不公平感を解消するために政府が居住保障を手厚く提供するのではなく、経済復興・経済成長のためには人びとを競争させる必要があるという今日の新自由主義にも通じる価値観がすでに存在していた。

4・10 住宅保障と企業福祉——政労使の蜜月

佐藤（2009）は戦後日本の住宅保障システムのうち企業による住宅福祉をサブシステムだと指摘する。戦前から現在に至るまで、企業は国家の代わりに大きな役割を果たしてきた。代表的なものは社宅（給与住宅）、住宅資金の低利融資や住宅手当である。

社宅は戦前から繊維・鉱業関連の企業が従業員に生産設備の一環として提供してきた。たとえば、世界遺産に指定された長崎県・端島（通称「軍艦島」）には三菱の社宅群が今でも残っている（大阪については島田 2014）。戦後になると労働組合が既得権を主張したため、労働条件の一部として社宅が認められるようになった（新開 1997）[7]。

当初は企業が社宅を建設して従業員に提供していた。社宅の家賃は相場よりも安い。社宅の家賃と市場家賃との差額には課税されないので、従業員の生活は安定した。他方、企業にとっては社宅を提供することで優秀な従業員を確保でき、減税措置も受けることができる。それだけではなく、地価が上昇すると企業の含み資産も増加するなど企業によってはメリットが大きかった。住宅の「三本柱」のうち、公庫も公団も給与住宅の建設をサポートした。公庫は一九五三（昭和二八）年に給与住宅に対する融資を開始した。公団も給与住宅の建設を目的とし、企業が保有する土地の提供を受けた。そうすれば住宅建設戸数の目標を達成できるからである。つまり、住宅公団法は企業と連携して「高度経済成長を支えるための住宅立法」だった（原田 1985: 367; cf. 大本 1991; 住田 2015）。

その後、従業員への住宅資金の低利融資が主流となった。その理由は一九六一（昭和三六）年に国際労働機関（ＩＬＯ）が社宅（給与住宅）は従業員を会社に拘束するものとして禁止したからである。一九六五（昭和四〇）年には日経連が財産形成の方針を打ち出した。政府は勤労者財産形成促進法（「財形」）で方針転換を支えた。企業にとっては社宅の建設費用を削減できるうえ、やはり税制上のメリットが大きかった（大本 1991）。さらに重要なことには、社内持家は労働運動を分断して会社への忠誠心を高める労務管理の機能も持った。社宅は労働運動の拠点だったからである。他方で労働組合も持家を歓迎した。労働組合は持家を企業による労務管理に対抗する手段だと考えるようになったため、結果として労使双方の利害が一致した。

そして労働者は懸命に働いた。つまり、政労使が一体となって日本の高度経済成長を支えた。人びとの中流意識は高まり「一億総中流社会」が実現した。その中心にあったのが持家である。長時間の不規則な労働のため、夫（父親）が事実上不在であるにもかかわらず家族は相対的に安定していた理由を、木本（1995: 183）は住宅関連の福祉厚生を含む「相対的高賃金」が「労働者の勤労意欲を引き出し、昇進＝昇給競争への主体的参入」、すなわち企業への包摂・統合を促したからと説明する。

現在では社宅（給与住宅）の多くは売却されて減少している（表1－2）。また銀行等による住宅ローンが一般化したために、企業や組合による住宅資金の融資は少なくなった。しかし、企業が不動産事業者などから賃貸住宅を借りて従業員に貸し出す借り上げ社宅を導入している企業もある。また、住宅手当を支給する企業は現在でも少なくない。住宅手当は従業員が支払う家賃や住宅ローンの一部を企業が負担する制度とみなすことができる。その起源は大正期にあり、社宅に住んでいない人に対して会社が差額分を払ったことが始まりとの説があるが、はっきりしない。このように形は変わっても企業がその従業員（と家族）に対して住宅を保障し続けていることは日本の特徴のようだ。

5　持家政策のさらなる推進――高度経済成長の終焉

一九七〇年代前半に先進国の経済環境は大きく変わった。まず一九七一（昭和四六）年のニクソン・ショックにより、先進国は固定相場制から変動相場制へと移行した。一九七三年のオイルショックは原油の安さに依存していた日本経済にとってさらなる打撃となった。その結果、朝鮮戦争特需以降の一九五五（昭和三〇）年から一九七三年まで約二〇年間続いた高度経済成長は終焉した。地方から大都市圏への人口移動と大都市圏の住宅需要は沈静化した（図1-5）。公庫融資の対象はさらに拡大し、一九七七（昭和五二）年には低所得層も融資を受けられるようになり、住宅建設が促された。住宅建設は、経済を刺激する効果があると政府は考えていたからである（本間 2004）。

ちなみに、一九七三（昭和四八）年には全国すべての都道府県で住宅数が世帯数を上回ったため、住宅建設五箇年計画第3期（一九七五〜一九八〇年）では最低居住水準未満の世帯を減少させることが目標となった。つまり、住宅政策の目標が量から質に変わったといえる。

二度のオイルショックを乗り越えた日本経済は堅調さを取り戻し、一九八〇年代になると日米・日欧の貿易摩擦が深刻な国際問題となった。そこで貿易摩擦を解消する手段として内需拡大が求められるようになり、公庫融資がさらに拡大した結果、日本は持家社会となった。一九八〇年代には公団と宅地開発公団が合併して、賃貸住宅よりも分譲住宅の供給を優先するようになった（本間 2004）。

5・1　新自由主義と住宅の55年体制の崩壊

一九八〇年代には新自由主義的な政策を推進する政治家たちが登場した。イギリスのサッチャー首相（一九二五～二〇一三、在任：一九七九～一九九〇）、アメリカのレーガン大統領（一九一一～二〇〇四、在任：一九八一～一九八九）、そして中曽根康弘首相（一九一八～二〇一九、在任：一九八二～一九八七）である。いずれも社会保障を削減し、公共サービスを民営化し、規制を緩和し、小さな政府を志向して財政再建を目指す姿勢が共通する。

中曽根内閣は「アーバン・ルネッサンス」とよばれる都市開発や「民活」を進めた。在任中の一九八六（昭和六一）年の地代家賃統制令の廃止やその後の一九九一（平成三）年の新借地借家法はいずれも貸し手に有利になる方向への改正である。

国際金融環境はさらに変化した。国際貿易摩擦の解消を目的とした一九八五（昭和六〇）年のプラザ合意の後に日本は円高不況になったため、金融緩和政策が採用された。金融緩和によって銀行の貸出金利が低下し、不動産業への貸出が増加したことがバブルの原因である。バブル期には土地・住宅価格が大幅に上昇したために、住宅を求める人びとはさらに離れた郊外で持家を求めざるをえなくなり、通勤時間はさらに長くなった（日本の土地百年研究会ほか編 2003）。

一九八六（昭和六一）年一一月から一九九一（平成三）年五月まで続いたバブルが崩壊した後も公庫融資は拡大し、土地・住宅価格は上昇した。他方で人びとの収入は伸び悩む。そこで公庫はゆとりローン（ゆとり償還制度）を導入した。この商品は初期の返済額は少ないが、一定期間後に返済額が急に増える仕組みである。住宅ローンを組みやすくなるために開発された商品だが、終身雇用と定期昇給を前提としていた。これらの前提は崩れ、住宅ローンを延滞する世帯が増えたためのちに廃止された。また、企業の設備投資意欲の減退と金融緩和によって、これまで個人に融資をしてこなかった民間金融機関が個人向け住宅ローンに本格参入した。その結果、公庫には住宅ローンの借り換えによる逆ざやの損失が累積し、経営を圧迫するようになった（一般社団法人全国住宅ローン救済・任意売却支援協会 n.d.; 大垣ほか 2015; 平山 2020a; 本間 2004）。

一九九三（平成五）年には細川内閣（在任：一九九三〜一九九四）が誕生した。自由民主党は選挙で第一党となったものの過半数の議席を獲得できず、日本社会党、新生党、公明党、日本新党、民社党、新党さきがけ、民主改革連合、社会民主連合の8党会派からなる連立政権が四五年ぶりに誕生した。自民党は連立政権に入らなかったため、一九五五（昭和三〇）年以降続いた自由民主党による「政治の55年体制」は崩壊した。

一方、「住宅の55年体制」はしばらく続き、二〇〇六（平成一八）年に終焉した。一九六六（昭和四一）年から二〇〇六（平成一八）年まで続いた住宅建設五箇年計画が第8期をもって終了し、住生活基本法が施行されたことは象徴的である。この間にも政権交代があったが、新自由主義的な改革は進んだ。自民党・日本社会党・新党さきがけからなる連立政権の村山内閣（在任：一九九四〜一九九五）も構造改革を推進し、土地および住宅を重要な改革対象とした。住宅宅地審議会が二〇〇〇年に発表した答申では市場における競争、選択肢の多様化と不動産の証券化を高らかに宣言した（住宅宅地審議会 2000; 多和田 2017; 本間 2004）。民主党政権（二〇〇八〜二〇一二年）は公共事業を削減する代わりに規制緩和を進める政策を推進した。

このような流れのなかで、「三本柱」のうち公庫と公団が独立行政法人になり、業務内容は設立時から大きく変化した。公庫は独立行政法人住宅支援機構となり、個人向けの直接融資は行わず、主に住宅ローンの証券化業務を行っている。住宅ローン証券化の代表的な商品が不動産投資信託証券（REIT＝Real Estate Investment Trust）である。これは多くの投資家から資金を集め、オフィスビル、マンション、ホテル、商業施設や物流施設など複数の不動産に投資し、その賃貸料収入や売買益を投資家に分配する仕組みである。

公団は再編を経て現在は独立行政法人都市基盤整備公団となり、都市の再開発を主な業務としている。現在では住宅供給はほとんど行っていない。公団民営化の大きな理由は経営難であるが、一九八〇年代に賃貸住宅の供給を減らして分譲住宅の供給を増やしても問題は解決しなかった。そして、橋本内閣（在任：一九九六〜一九九八）で消費税引き上げと特殊法人改革がバーターとされた際に、特殊法人である公団はターゲットとなったからである（多和田 2017）。

「三本柱」のうち唯一民営化されなかった公営住宅も無傷ではない。一九八〇（昭和五五）年の法改正で高齢者、身体障がい者の単身入居制度を導入すると同時に、建て替え戸数倍率の緩和が可能となった。つまり、建て替え時に戸数が減ることもありうる。建て替え時には公共施設と一体化する自治体もある。これは自治体による合理化の一環である。さらに一九九六（平成八）年の改正では家賃算定方法を変更し、第二種を廃止するなど市場家賃化がさらに進んだ（本間 2004）。

二〇〇六（平成一八）年の住生活基本法に続き、二〇〇七（平成一九）年には「住宅セーフティネット法」（住宅確保要配慮者に対する賃貸住宅の供給の促進に関する法律）が施行された。この「住宅セーフティネット法」は著しく所得の低い世帯、高齢者世帯、障がい者世帯、ひとり親世帯、子育て世帯、DV被害者世帯、犯罪被害者世帯等「真に困窮している者」を公営住宅の入居者として設定している。つまり、公営住宅は自力で住宅を確保できない人たち向けの住宅という性格がますます濃くなった。これは人びとを「カテゴリー化」することによって分断する側面がある（平山 2020b）。

現在では空家が増えているため、公営賃貸住宅は役割を終えたと発言する自治体関係者もいる。しかし、国土交通省住宅局（2016）によれば公営住宅の空家率は0・1〜1・1％と低く、応募倍率は東京で22・8倍、全国では5・8倍と高い。家賃の負担が軽い住宅を必要としている人が入居できていない可能性がある。

現在では社宅（給与住宅）のシェアは5％に満たない（表1－2）。住宅手当を導入している企業は依然として多いが、従業員の希望とは対照的に、企業はもはや家賃補助や住宅手当の支給も世帯用の住宅・寮も充実させたいとは考えていない。そもそも住宅に関する福利厚生は法定外福利であるため、大企業に勤める正規労働者が有利である（労働政策研究・研修機構 2020）。正規労働者と非正規労働者の不合理な待遇差を解消するために、正規労働者の住宅手当を削減した企業もある。企業はもはや（男性）従業員が家族を養える収入を払いたがらなくなっているようだ。

5・2 住居費負担の増加と公的支出の少なさ

かつて住宅問題は主に高齢期の問題と考えられていた。だが、一九九〇年代以降の雇用の流動化によって、住宅関連の福利厚生の対象にならない非正規労働者が若者を中心に増えたために現役世代にも住宅問題が拡がるようになった。二〇二〇年から二〇二三年まで続いた新型コロナウイルス・パンデミック時の住居確保給付金申請件数の急増は日本における居住保障の不十分さを示すといえよう（大津 2021; 平山 2020b; 村上 2023; 渡辺 2021）。

たしかに規制緩和によって働き方や住まい方の選択肢は増えたが、誰もが好きな選択肢を自由に選ぶことができるわけではない。また、正規労働者と非正規労働者では待遇が異なる。しかし、私たちは自分が選んだ結果に対して責任を取ることを求められる。これが私たちの生きている現代である。

それにもかかわらずというよりも、だからこそ持家志向は変わらないようだ。二〇一五（平成二七）年の内閣府世論調査によれば、住宅を「所有したい」と答えた者の割合は74・9％（「所有したい」61・5％+「どちらかといえば所有したい」13・4％）であり、「所有する必要はない」とする者の割合が16・5％（「どちらかといえば所有する必要はない」6・1％+「所有する必要はない」10・4％）だった。前回（平成一六年）調査に比べると「所有する必要はない」との回答は12・1％から16・5％に増えていることから、持家志向はやや低下しているが、依然として「所有したい」が多数派である。所有を希望する理由としては、「同じところに安心して住み続けたいから」（58・1％）、「長い目でみると所有したほうが有利だから（資産価値があるから）」（21・5％）、「子どもに財産として残したいから」（10・4％）、「リフォーム（室内の改造や模様替え）などが自由にできるから」（4・5％）、「特にない」（4・1％）の順である。一方、「所有する必要はない」とする者の理由としてもっとも多いのは「多額のローンをかかえたくないから」（20・9％）であった。

民営化を推進しようとする政治家たちは民営化によって選択肢が増え、安い価格で良質のサービスを受けられるようになると主張する。現実にはこのような主張とは反対に住居費負担率は増加傾向にある。首都圏のマンション価格の対年収倍率は二〇一二（平成二四）年の6・0倍から上昇して二〇二一（令和三）年には7・5倍となった。海外と比較するとアメリカ、イギリス、フランス、日本はそれぞれ5・07倍、5・16倍、6・14倍、6・83倍であり、日本が最も高い（国土交通省 2022）。二〇二〇年一〇月五日付の日本経済新聞によれば、住宅ローン完済予定年齢は73歳に上昇した。借家では、とくに公団・公社や民間賃貸住宅に住む世帯の住居費の負担増が顕著である（川田・平山 2016）。住居費の高さは若者が親から独立して結婚して子どもを持つうえで高いハードルになった。若者に限らず、住居費の負担が高くなれば手ごろで良質な住宅を求める声が増えてもよいはずである。

しかしながら、現実はそうではない。昭和の政治家たちは住宅は自力で獲得するものという考えを持っており、「タヌキ、ムジナでも自分で家を作る」という趣旨の発言をした（大本 1991: 416, 727）。「一国一城の主」「男の甲斐性」という表現もあった。このような発言の影響が今でも残っているせいか、二〇〇八年・二〇一六年のＩＳＳＰ（International Social Survey Programme）調査では、「家を持てない人にそれなりの住居を提供することは政府の責任である」と答える人の割合は日本では10％以下にとどまった。「物価の安定」「環境規制」、「医療」、「高齢者の生活」など他の政策に比べ、住宅は自力で調達すべきとの認識が日本社会では広く共有されている（荒牧・山本・村田 2017）。

このような認識を人びとが持っているため、日本の社会支出全体に占める住宅関連支出の割合は二〇一七（平成二九）年で0・5％である。アメリカ（1・0％）、イギリス（6・3％）、ドイツ（2・0％）、フランス（2・5％）、スウェーデン（1・5％）に比べて低い（国立社会保障・人口問題研究所 2021）。

公的賃貸住宅の割合もイギリスが16・8％、フランスが23・7％であるのに対し、アメリカと日本は5％と圧倒的に少なく（国土交通省 2022）、収入が低い人が安心して住める場所が日本には少ない。

住宅に関する公的支援としては住居確保要配慮者に対する居住支援政策がある。関係者の連携、ハード面の供給、連帯保証人・緊急連絡先の確保、入居支援等、生活支援の提供など多岐にわたり、公営賃貸住宅もそのうちの一つである（国土交通省 n.d.）。また、家賃補助やそれに類する施策としては住居確保給付金、被災者に対する借上げ賃貸住宅、東京都ホームレス地域生活移行支援事業、自治体独自の補助がある（阪東 2021）。しかし、他方で国土交通省のウェブサイトをみると耐久性や省エネ性に優れた住宅に対する補助金、住宅ローン減税、贈与税非課税措置など持家層向けの補助金が大半である。持家層に有利な補助金や減税措置があるため、人びとにとっては持家が合理的な選択肢となっている。

6　まとめ――住宅政策の断絶と連続性

この章では戦前から戦後の日本の住宅政策を振り返った。戦前の都市住民の多くは借家に住んでいた。その後、都市人口が増加したために住宅不足、家賃高騰、公衆衛生、スラムなどの社会問題が発生した。郊外に家を持つことができたのは少数であった。

日本が持家社会へと転換するきっかけとなったのは戦時中の地代家賃統制令、戦後の財産税の徴収と住宅金融公庫の成立である。一九五〇年代半ばには住宅公団が誕生し、団地という新しいライフスタイルが誕生した。都市人口はさらに増加し借家需要も高まったが、土地が値上がりしたために公団は良質で手ごろな家賃の賃貸住宅を十分に供給できなかった。民間賃貸住宅の供給も十分ではなく、人びとは安心して住むことができる場所を求めた。住宅産業の成長もあり、大正期には憧れの存在であった郊外に住む性別役割分業型の家族（近代家族）が戦後に大衆化した。その担い手は団塊世代である。

高度成長期には政労使が一体となって人びとの持家取得を推進したが、高度経済成長が終焉した後も政府は公庫融資の対象を拡大して持家所有を促した。持家は経済を刺激し、海外との貿易摩擦を解消するための手段でもあったからである。さらに持家の社会保障機能も重要な理由である。人口が増加し、土地価格が上昇し、インフレが続いても雇用が安定していれば住宅ローンは返済可能であり、完済すれば持家は資産となり、老後生活を支える。日本の持家社会は一九八〇年代に完成した。

一九八〇年代以降、住宅市場の民営化が進んだ。銀行は個人向けの住宅ローン市場に参入し、住宅金融公庫と公団は独立行政法人になった。公営賃貸住宅は偏見にさらされている。

経済が成長して家族が安定していた時代の「住宅双六」では、多くの人が郊外の持家という共通のゴールに向かって進むことができた。団塊世代は結婚前に地方から都市に移動した人びとが多かったが、その子どもである団塊ジュニア世代は大都市圏出身者が多く、結婚するまで親と同居することができる。価値観も多様化したうえ就職難の影響を受けたため、未婚のまま親元に留まる子どもも少なくない。一九九〇年代に専業主婦世帯と共働き世帯の数が逆転してから、共働き世帯の数は増加している。そのため、現在では仕事と家庭の両立に便利で魅力的な東京、あるいは都市部での生活が好まれるようになり、郊外や地方では人口が減少し、空家が増えている。

これまで三位一体だった労働・住宅・家族のつながりも変化している。その一方で、階層ごとに異なる住宅政策が採用されてきたこと、労働者向けの住宅供給が優先されてきたことは戦前から現在まで続く日本の住宅政策の基本的な特徴である。

注

(1) もっとも占領軍向け住宅や生活用品の生産にかかわった関係者は戦後復興のための技術力を身につけたとの評価もある(鈴木 2013)。

(2) 韓国にもチョンセ(전세:伝貰/専貰)という似たような制度がある。借り手は賃貸契約時にまとまったチョンセ金(保証金)を家主に払えば、月々の家賃を支払う必要がない。借り手の退去時には家主はチョンセ金を全額返還する。このような制度は銀行の利子が高い時代に成り立つため、現在は毎月定額の家賃を払うウォルセ(월세:月貰)が増えている。

(3) 戸数は多くないものの、公営賃貸住宅の払い下げもあった(大本 1991)。

(4) しかし、このような「私生活」の獲得は皮肉にも仕事や会社への献身を要求した(Neitzel 2016: 93)。

(5) フランスでも住宅広告は人びとの住宅購入意欲をかきたてた(Bourdieu 2000=2006)。

(6) 新しい住宅市場の出現は輸入依存型の木材供給体制を成立させた(大倉 2017)。

(7) 社宅は農民層出身の労働者家族を少産化に誘導した大きな要因の一つでもあった(木本 1995)。

第2章　後期近代における福祉国家の再編と持家の役割

1　はじめに

第1章では、日本で多くの人が家を持つようになったのは戦後であることをみてきた。しかし、社会の大きな変化にもかかわらず、戦前から今日までの住宅政策にはいずれも国家のための住宅政策であるという共通点がある。さらに、公営賃貸住宅をセーフティーネットとして提供するが、できるだけ最小限に留めようとするような、社会階層ごとに異なる原則は戦前にもみられた。これは人びとを競争へと駆り立てる仕組みである。このような環境に置かれれば、人びとは他者と協力するよりも自分がいかに他者よりも優れているかを示す必要を感じるだろう。これまでは企業福祉の恩恵もあり（Estévez-Abe 2008; 木本 1995）、多くの人びとが郊外の持家に住む近代家族の理想を実現できたが、これはむしろ例外的だったのではないか。

歴史学や社会思想史の研究によると人が貧困に陥るのは努力が足りないからだとする通俗道徳は江戸後期から存在していた。社会の仕組みが変わり政府の財政が厳しかった明治期には人びとは不安を解消するために通俗道徳の教えに従って真面目に働き、自分が（たまたま）うまくいった場合は自己を正当化し、うまくいかない人びとに対して冷淡になることもあったという。つまり、新自由主義的経済政策に親和的な下地は江戸末期から庶民の間には存在していた（松沢 2018; 安丸 1999）。

一九八〇年代に入って日本社会のあり方が変わりはじめ、一九九〇年代に入ってその変化は誰の眼にも明らかになった。鉄道、郵便や住宅などが民営化され、労働市場は不安定になった。家族を持たない人びとも増えた。これは日本だけの現象なのか。それとも他の国々でも同じことが起こっているのだろうか。このような変化に住宅はどうかかわっているのか。これらの疑問に答えるため、一見遠回りだが、本章では福祉国家と住宅に関する理論を整理する。日本だけではなく、イギリス、フランス、オランダなど海外の状況も紹介したい。

2　二つの住宅市場——ケメニーのハウジング・レジーム論

2・1　戦後の持家率上昇をめぐる論争

第1章では日本に即してみたが、第二次世界大戦後には日本に限らず多くの国が住宅不足を経験した。敗戦国にかぎらず戦勝国でも戦時中は住宅建設が進まなかったり、爆撃によって住宅が焼失したりしたからである。そのうえ、戦地からの引き揚げや移民・難民、戦後のベビーブームも住宅不足を深刻にした。そこで、政府や自治体が中心となって国民に公的な賃貸住宅を供給した。

その後、戦後復興と経済成長を経て持家率が上昇するようになり、研究者たちはその理由を説明しようとした。主な理由としては人口・世帯の変化の家賃統制による民間賃貸住宅の供給減少、政府が持家政策にシフトしたことが指摘されている。その背景には政府の支出を削減するためだけではなく、共産主義への対抗意識もあったようだ。なぜなら公的な賃貸住宅は共産主義のシンボルだったからである。その他には人びとの収入の上昇、住宅ローンや低金利政策など持家を買いやすい仕組みの確立、持家の経済合理性、さらに持家を所有することによる安心感——賃貸住宅は家賃の値上げ、建て替え、契約終了によって入居者が退去せざるえない可能性があるが、持家はそうではないこと——、個人主義的価値観などが指摘されてきた（Kemeny 1981, 1995; Lowe 2011=2017; 三浦 1999; Saunders 1990）。

論争というとやや大げさだが、ここではイギリス出身の2人の社会学者、ピーター・ソーンダース（一九五〇〜）とジム・ケメニー（一九四二〜二〇二〇）を中心に持家が増えた理由を紹介したい。ソーンダースはロンドンで生まれ、サセックス大学で長く教鞭をとり、住宅以外にも資本主義、階級・階層、オーストラリア社会に関する著作がある。ケメニーもロンドンで生まれた。レスター大学でノルベルト・エリアスとアンソニー・ギデンズの指導を受け、その後スウェーデンにあるウプサラ大学の教授を長く務めた。ケメニーは住宅に注目したレジーム論を構想し、のちの研究に大きな影響を与えた。

ソーンダースは売買差益（キャピタルゲイン）を得られる持家のほうが賃貸住宅よりもよいと述べる。そして、女性も働くようになって家計の収入が増えたため、多くの家族が持家を購入できるようになって持家率が上昇したと説明する。また、イギリスの伝統的な価値観である個人主義も持家を増やす方向に作用すると論じた。このようなソーンダースの主張に対して、ケメニーは公営賃貸住宅のコストと比べると、持家は必ずしも経済合理的ではないとする。そして、女性が働いて社会が豊かになっても持家率が上昇しない例としてスウェーデンを挙げた。ケメニーは持家率と関連があるのは個人主義よりもイデオロギーだと考える。このように両者の意見は対立するが、それは理論的な立場だけではなく方法論の違いにも由来するようだ。ソーンダースはイギリス国内の3地域を調査対象としたのに対し、ケメニーは3か国（スウェーデン、オーストラリア、イギリス）を対象とし、さらに研究対象を拡げていった。ケメニーは先行研究にはイギリスを中心としたエスノセントリズム（自文化中心主義）がみられると批判し、さらに賃貸住宅が減少して持家が増えるのは必然だとする先行研究をも批判する（Kemeny 1981, 1995）。ソーンダースや他の研究者の説明がまったく間違っているわけではない。しかし、ケメニーの主張は豊かな社会が実現すれば持家が増えるとする仮説への有力な反証である。ここから、ケメニーはハウジング・レジーム論を発展させていく。

2・2　ケメニーのハウジング・レジーム論

ケメニーは住宅の供給と利用を構成する社会、政治、経済、文化等々の制度・関係について研究して、社会の理解に貢献すると宣言した（Kemeny 1992=2014）。そして、世界の国々を統合的賃貸市場（または一元的住宅市場・ユニタリズム）と二元的賃貸システム（デュアリズム）に分類するハウジング・レジーム論を構想した（Kemeny 1981, 1992=2014, 1995, 2006）。これらの著作と1本の論文、さらにケメニーの理論を整理・発展させたスチュアート・ローによる解説（Lowe 2011=2017）をもとに二つの類型を整理したものが表2－1である[1]。

統合的賃貸市場に分類される国では、政府は公的賃貸住宅と民間賃貸住宅に補助金を支出する。さら

表2-1　ケメニーのハウジング・レジーム論

	統合的賃貸市場	二元的賃貸システム
政府の補助金の主な対象	公的賃貸セクター・民間賃貸セクター	持家セクター
家賃統制	公的賃貸セクター・民間賃貸住宅セクター	なし
公的賃貸住宅の供給主体	組織、民間など多様	国家（政府）
公的賃貸住宅と民間賃貸住宅の代替可能性	高い	低い
公的賃貸住宅へのスティグマ	なしか弱い	ある
持家	かならずしも望ましい形態として好まれず（中立的）、優勢ではない	望ましい形態として好まれ、優勢である
イデオロギー	協同主義	私事主義

注：ケメニー（Kemeny 1992=2014, 1995）、ロー（Lowe 2011=2017）をもとに筆者作成。

に公的賃貸住宅と民間賃貸住宅の両方に家賃統制をおこなう。公的賃貸住宅を供給するのは多様な主体である。ここでは公的賃貸住宅と民間賃貸住宅は家賃や住宅の質において同じような条件のもとで競合する。つまり、代替可能性が高く2種類の賃貸住宅のどちらに入居しても生活があまり変わらない。幅広い階層の人びとが公的賃貸住宅の入居資格を持つため、公的賃貸住宅やそこに住む人びとに対して収入が低いというネガティブなレッテルが貼られにくい。そのかわり、公的賃貸住宅への入居希望者が多くなるため、希望者がなかなか入居できない問題がある。持家はかならずしも魅力的な選択肢ではないため、持家は優勢つまり多数派にはならない。このような統合的賃貸市場はドイツの社会主義市場経済にルーツを持つ。ドイツ以外にはオーストリア、デンマーク、オランダ、スウェーデン、スイスが該当するが、これらの国にはバリエーションもある。

これに対して二元的賃貸システムでは政府は主に持家に補助金を支出する。と同時に、公的賃貸住宅を供給するのは政府の役割でもある。政府は家賃統制をしない。その結果、公的賃貸住宅と民間賃貸住宅の家賃や住宅の質は異なるため、代替可能性は低い両者は明確に区別される。そして政府は公的賃貸住宅に対する補助金を減らしたり、その管理をサードセクターに移管したり、居住者に売却する。それにより公的賃貸住宅イコール低所得者向けのものというマイナスのイメージが付与される。それにもかかわらず、政府は公的賃貸住宅の家賃を値上げしたりもする。民間賃貸住宅の家賃は高く、安心して住み続けられる可能性が低いために魅力的な選択肢ではない。したがって、持家が魅力的な選択肢となり、優勢になる。二元的賃貸システムの典型はイギリス、アイルランド、アメリカ、カナダ、オーストラリア、ニュージーランド、アイスランド、フィンランドなどのアングロサクソン諸国である（Kemeny 1995）。ただし、イギリスは一九八〇年代にサッチャー政権によって売却政策が実施されるまでは公的賃貸住宅政策が充実していたため、イギリスは例外的との指摘もある（Kemeny 1995; Lowe 2011=2017; 阪野 2002; 佐藤 1999; 武川 1999）。

このようなケメニーの分類に基づけば、日本が二元的賃貸システムに分類されるのは多くの人が納得するところだろう（Kemeny 2006）。日本では政府の補助金は持家を主な対象としてきたといえる。地代家賃統制令は一九八〇年代に廃止された。公的賃貸住宅（公営賃貸住宅）は国の補助金を受けて地方公共団体が供給してきた。公的賃貸住宅と民間賃貸住宅の家賃や住宅の質は大きく異なり、公的賃貸住宅にはスティグマがあるため、公的賃貸住宅よりも民間賃貸住宅のほうが、さらには民間賃貸住宅よりも持家のほうが望ましいと人びとは考えている。そのため、日本では持家率が6割と優勢である。

ケメニー理論のポイントは何よりもまず住宅に注目したことである。そして、各国を持家率の高さではなく賃貸市場のあり方、とくに公的賃貸住宅と民間賃貸住宅の違いによって分類したことである。このようなアイデアの背後には住宅市場が統合的・二元的のどちらであっても、政府は家賃政策や補助金政策を通じて公的賃貸住宅と民間賃貸住宅の関係を調整するというケメニーの前提がある。

では、いったい何が二つのレジームを分けるのか。ケメニーはそれをイデオロギー――人間の性質・社会生活の編成原理・政治的秩序を支配する価値を定義するもの――に求める。このようなマクロな視点と同時に、ケメニーは個人は他者との日常的な相互行為を通じて現実を構築するというミクロの視点を持つ。それによれば、（ある）社会集団が自身による現実の定義を社会の他のメンバーに押しつける力を得ると、その定義は日常的な行為の基礎となり、社会生活の編成原理を（他の人びとに）知らせる。そして、強力な公共政策が形成されるようになるというものだ（Kemeny 1992=2014）。

つまり、ある社会で持家のほうが賃貸住宅よりも望ましいと多くの人が考えるようになるのも、逆に賃貸住宅のままでも十分だと多くの人が考えるようになるのも、その社会に暮らす人びとの相互作用の産物であり、その結果としてそれぞれの社会は異なった経路をたどりながら発展するというのがケメニーの理論である。このような能動的な人間観と社会観は、本書の序章でも紹介したライフコース論の「人間行為力」にも通じるといえよう。

さらに、ケメニーは高度に発達した福祉国家は協同化された社会構造を持ち、国家とボランタリー組織による福祉の供給が多い一方で、充実していない福祉国家は私事化された社会構造を持ち営利的な福祉の供給が多いと説明した（Kemeny 1992=2014）。ハウジング・レジーム論に立ちかえると、協同主義＝統合的賃貸市場、私事主義＝二元的賃貸システムに対応するだろう。

ケメニーがこのように考えた時期には、福祉国家を類型化しようとする研究が花開いた。そのなかでも世界的に大きな影響があったのがエスピン＝アンデルセンの福祉レジーム論である。

3　三つの世界――エスピン＝アンデルセンの福祉レジーム論

一九六〇～七〇年代の先進工業国では、ベヴァレッジ型（あるいはケインズ型）の福祉国家が機能していた。男性の失業率は低く、人びとの福祉ニーズは満たされていた。ところが、産業の中心が第2次産業から第3次産業へと変わった。これをポスト工業（化）社会という。その結果、低技能労働者が仕事を失った。そして女性労働者が増えたため、完全雇用を実現するためには多くの雇用が必要になった。しかし経営者が雇用の配置転換をすることは容易ではない。第3次産業であるサービス業は労働者の賃金上昇につながらない。賃金は不平等になり、抑制され、労働者の保護は後退する。そして、新しい社会的リスクに伴う人びとの福祉ニーズに従来の福祉国家は適切に応えられなくなり、人びとの支持を得られなくなった。

このような現状認識に立ち、エスピン＝アンデルセンは福祉レジーム論を打ち出した。注意しておきたいことは、福祉レジームイコール福祉国家ではないことである。福祉レジーム論は福祉国家を家族や市場と同じような福祉の供給源の一つとみなす射程範囲の広い議論である。エスピン＝アンデルセンは三つのリスク――社会的リスクが社会階層の間で不平等に分配されている「階級的リスク」、子ども期や高齢期に貧困が集中する「ライフ・コースにおけるリスク」、そして不利な社会的条件が親子間で相続される「世代間リスク」――を国家（政府）・家族・市場が共同で管理するあり方を福祉レジームと定義した（Esping-Andersen 1990=2001; 1999=2000: 71-5）。

福祉レジーム論において重要な概念は商品化である。その反対である脱商品化とは「個人（と家族）が市場に依存することなく所得を確保し消費できる」程度、いいかえれば人びとが持つ「社会的権利の強さ」である。次に重要な概念は連帯と社会的階層化である。ある福祉国家が幅広い社会的連帯のもとで構築されているかどうかにエスピン＝アンデルセンは注目する。階層化とは職種などにより給付そして経済状況の差があることと言えるだろう（Esping-Andersen 1990=2001: iv-v, 4, 1999=2000）。

これらの基準に基づいてエスピン＝アンデルセンは世界の国々を自由主義的レジーム、保守主義的レジーム、社会民主主義的レジームの三つに分類した。一つめの自由主義的レジームの典型はアングロサクソン諸国である。人びとの社会権は必要性（ニード）に基づく範囲に限定される。社会政策はあるが、所得移転も社会保険も最低限にとどまる。さらに、福祉サービスを受ける際にはそれに値するくらい収入や資産が少ないかどうかを確認する資力調査を受ける必要がある。その調査にパスした人だけが福祉を受けることができるため、福祉の受給者イコール収入が少ないというレッテルを貼られる。つまり、受給者にはスティグマが付与される。国家の役割は小さい。リスクに対処する責任は個人にあるので、個人が市場において自分自身で問題を解決すること、たとえば働いて収入を得て解決することがまず奨励される。したがって、脱商品化の程度は三つのレジームのなかでは最小限である。歴史的にみれば、社会主義運動やキリスト教的民主主義運動が弱い国々である。連帯は個人的なものであり、市場に基づくものである。福祉の受給者とそれ以外の人びとは分断される。女性の就業にはあまり関心がない。

二つめの社会民主主義的レジームに該当するのは北欧諸国である。社会権については、市民権または居住権がある人びとに対してはすべて同じ権利と同じ給付が与えられる（普遍主義）。福祉の脱商品化の程度は三つのレジームのなかでは最大である。社会民主主義政党が政権を担当してきた歴史がある。連帯は普遍的である。福祉を主に供給するのは国家であり、多くの人をカバーする。このような寛大な福祉を支えるために既婚女性も働くことが期待されている。

最後の保守主義的レジームには大陸ヨーロッパの国々が含まれる。人びとに対して社会権を広く付与するが、それは階級や職業的地位、そしてそれまでの雇用と保険料の拠出に基づく（保険原理）。そのため、職業や勤務先によって人びとは分断される。とりわけ公務員は特権的な地位にある。国家はこのような分断を維持しようとするため、再分配、つまり格差を是正する効果は弱い。歴史的には国家主義、身分階級・ギルド・独占体・団体に由来するコーポラティズム（協調主義）、さらにカトリックの影響が強い国々である。人びとの連帯は保険原理に基づくリスクの共同負担と家族主義にある。ここでは稼ぎ主である男性の雇用が安定していることが重要である。したがって、女性はその男性の妻であることを根拠に社会権を付与される。そして、まず家族やコミュニティが福祉を供給することが原則とされ、それが難しい時にはじめて国家が登場する。国家の役割はあくまで限定的である（補完性原則）。福祉の脱商品化の程度は高い。ここでは既婚女性は外では働かないことが期待される。

エスピン＝アンデルセンは社会扶助の割合、私的年金の割合、普遍主義、コーポラティズム、国家主義、脱家族化、女性の雇用率など具体的な指標を用いて自説の妥当性を統計的に検証しているが（Esping-Andersen 1999=2000）、この福祉レジーム論をめぐってはまず分類の妥当性に対する批判があった。この批判に対してはエスピン＝アンデルセン自身もイギリスやオランダが三つの類型にうまく当てはまらないこと、またオセアニア、地中海諸国、東アジアを三つの類型に収まらない特殊ケースとして第四のレジームに分類する可能性も述べたが、基本的には三つの類型を原則とする。さらに、より重要なことにフェミニストらはエスピン＝アンデルセンをはじめとする主流派の理論はジェンダーの視点を踏まえるべきと主張した。そして、セインズベリー（Sainsbury 2008）や大沢（2007）は新たなレジーム論を提起した。

セインズベリーは主流派の理論における商品化概念は、女性によるアンペイドワーク（無償労働）を無視していると指摘した。そして、アメリカ、イギリス、オランダ、スウェーデンを比較して「男性稼ぎ主モデル」と「個人主義モデル」を提案した。男性稼ぎ主モデルの社会では、女性は妻あるいは母であることを通じて福祉国家に組み込まれている（Sainsbury 2008）。大沢はエスピン＝アンデルセンが分類の基準としなかった社会的経済（サードセクター、例えば協同組合・共済組合・非営利アソシエーション）を視野に入れて「男性稼ぎ主型」、「両立支援型」、「市場志向型」を提起することで、日本を複数の類型の折衷ではなく男性稼ぎ主型の典型として分類できることを示した。この「男性稼ぎ主」型の生活保障システムでは壮年男性に対して安定的な雇用と妻子を養える「家族賃金」を保障するように、労働市場が規制される。社会保険は世帯主である男性が稼得能力を喪失するリスクに対する備えであり、妻子は世帯主に付随して保障される。なお、南欧諸国と日本ではサードセクター・社会的経済が果たす役割は大きくない（大沢 2007）。

このようなフェミニストらの批判を受けて、エスピン＝アンデルセンものちに家族の役割に視野を広げるようになった。稼ぎ主である男性に社会的保護が偏っており、家族が構成員の福祉に対する責任を持つ「家族主義」を重要な概念として取り入れて、「脱家族化」を「家族への個人の依存を軽減するような政策」と定義した。そして「最大の福祉義務を家族に割り当てる体制」として「家族主義的レジーム」を提唱したが、当初の三つの福祉レジームが基本であることは堅持し続けた（Esping-Andersen 1999=2000: 78）。

このような福祉レジーム論からは、日本の「近代家族」はどう理解できるだろうか。日本型「近代家族」の特徴は落合（2019）に詳しいが、「男性は外で働き、女性は家庭で家事育児に専念する、あるいはパートタイマーとして補助的な労働と家事育児を両立させる」ものであり、既婚女性の就業はあまり期待されていない。このことは「１０３万円の壁」「１０６万円の壁」「１３０万円の壁」「１５０万円の壁」などの言葉に象徴されるように、妻が福祉を受ける権利は夫の扶養家族であることや夫の受給資格と関連するため、保守主義的のレジームあるいは男性稼ぎ主モデルに当てはまる。ただし、日本の福祉レジームは混合型であると指摘されており、家族主義と自由主義の影響も強い。

たとえば、生活が苦しい人について報じたインターネットニュースに対して書き込まれたコメントのなかには「本当に必要な人には支給してもよい」「頑張っている人は助けてもいいけれど、怠けている人は助けたくない」「自己責任だ」といった内容の書き込みが上位に表示されることも珍しくない。これは福祉ニーズの有無、そして就労に向けて「努力」しているかどうかによって人を選別するものであり、自由主義レジーム的な発想である。

ちなみに、ケメニーは自身のハウジング・レジーム論とエスピン＝アンデルセンの福祉レジーム論は同型で、二元的賃貸システムと自由主義的レジームが重なることを重要だと評価している。他方、共通点が少ない国々を一つにまとめている保守主義的レジームはないほうがよいと批判する。さらに、社会民主主義的レジームは統合的賃貸市場と共通するが、コーポラティズムが顕著にみられるスウェーデンを社会民主主義的レジームに含めていることはほかの先行研究とは整合的ではないと疑問を呈する（Kemeny 1995）。ただし、ケメニーの統合的賃貸市場にも多様な国が含まれているため、ケメニーによるエスピン＝アンデルセン批判はそのままケメニー自身にも当てはまるのではないだろうか。エスピン＝アンデルセンもケメニーも支出の多寡や持家率など量的な基準を用いた先行研究を批判的に継承し発展させようとする問題意識は共通するが、両者のレジーム論を結びつけにくいとみなされている（Matznetter and Mundt 2012）。

まずケメニーの主な関心は住宅にあるが、エスピン＝アンデルセンはまったくといっていいほど住宅には言及していない。エスピン＝アンデルセンの福祉レジーム論は質的な違いによって各国を分類したが、ケメニーは連続的、つまり量的な違いである協同主義と私事主義の強さによって国の違いを捉えようとした。さらに、エスピン＝アンデルセンはレジームの妥当性を計量分析で確認したが、ケメニーは協同主義と私事主義を量的な尺度といいながらも計量的に把握することは不可能であるため、「直観的で多次元的な理解」に基づいて分類したと述べるなどアプローチも異なる。直観的と述べるケメニーは率直であるが、説得力に欠けるといわざるをえない（Kemeny 1992=2014: 193）[2]。

そのため、エスピン＝アンデルセンに比べるとケメニーが社会科学全体に与えたインパクトは限定的である。それでもなお、3冊の著作からうかがえるケメニー理論の魅力は住宅というレンズを通して社会のあり方や人びとのライフスタイルについて述べた点にある（Kemeny 1981, 1992=2014, 1995）。ケメニーによれば、持家は私事主義に対応し、賃貸住宅は協同主義に対応する。広い地域に持家（戸建住宅）がある社会では多くの人が自家用車を所有するので公共交通が貧弱になり、そのためにさらに多くの人が自家用車を持つようになり、公共交通がますます衰退する。公園など公共空間も重視されない。人びとのライフスタイルは家庭中心的になり、女性は家庭志向的になり、社会保障は限定的である。このような社会は二元的賃貸システムに相当する。一方、集合形式の賃貸住宅が多い社会ではプライベート空間は犠牲になるが、人びとは高度に発達した都市の公共インフラを活用する。女性は職業志向的で、ライフスタイルは家庭中心ではない。社会保障は包括的である。こちらは統合的賃貸市場に相当する。つまり、ある社会において持家が多数派であるかどうかは、人びとの消費行動を通じてライフスタイルや政治的態度、さらに都市空間の社会的編成に影響すると考えたところにケメニーの貢献がある。

4　持家の社会保障機能について

4・1　住居費の負担と福祉国家への支持

このようにケメニーはハウジング・レジーム論を提唱したが、もう一つ重要なことは住居費の負担と福祉国家への支持に関する仮説を提唱したことである。なぜ、そしてどのように住居費の負担が福祉国家への支持に影響するのか。ケメニーはそれをライフコースにおける住居費負担のパターンから説明する（Kemeny 1981, 1992=2014）。

もし住宅を購入すれば、家族が若く支出が多い時期に住居費（住宅ローン）の負担が重くなる。限られた予算のなかで自分たちの好きなように消費をしたいので、人びとは政府による公的支出に反対する。したがって、社会保障は貧弱になる。他方、住宅を購入せず賃貸住宅に住み続けるならば、生涯にわたって家賃を払い続けることとなる。現役時に比べて収入が少なくなる高齢期には住居費は家計にとって大きな負担となる。そのため、賃貸住宅に住み続ける人は政府による公的支出を支持し、充実した社会保障を求める。つまり、住居費負担のパターンと福祉国家の支持にはトレードオフの関係があるとケメニーは述べた。

4・2　持家率と社会保障支出

このアイデアはさらに各国の持家率と社会保障支出に関する議論に発展する。ケメニーは一九七〇年代のOECD加盟国8か国のデータから持家率と社会保障支出には負の相関があること、つまり、持家率が高い国では社会保障支出が少ないことを示した（Kemeny 1980）。ただし、分析としては、記述統計量の読み取りにとどまっている。

そこで、キャッスルズ（Castles 1998）は一九六〇〜一九九〇年の4時点での18か国のデータを用いて各国の持家率と社会保障支出との相関係数を求めた。はじめの3時点では持家率と社会保障支出（除く公衆衛生）には中程度から大きな負の相関がみられたが、一九九〇年になると福祉が充実した国でも持家が増えたために持家率と社会保障支出との負の相関係数が小さくなるか、または統計的に有意ではなくなった。それでも全般にケメニーの仮説に適合する結果が得られたとキャッスルズは述べる。ケメニー自身ものちに再考察している（Kemeny 2005）。

この結論については、持家率と社会保障支出のどちらが原因でどちらが結果であるかの問題は残っているものの、持家があれば家賃など高齢期の支出が少なくなるため、人びとは年金などの充実を政府に要求しなくなるからと説明できる。逆に、政府からみれば持家率が高ければ公的年金を抑制できる。つまり、持家は福祉国家の不十分さを個人が埋め合わせる手段といえる。この関係は「真に重大なトレードオフ」と呼ばれる（詳しい解説はLowe 2011=2017を参照）。

この節で紹介した一連の仮説は持家の社会保障機能に関するものと理解できる。住宅ローンを組んで若いうちに住宅を所有すれば高齢期の支出が減少するので福祉国家による再分配を支持しなくなる。したがって、政府による社会保障支出も減少する。持家の所有は老後生活を支えるものとなり、個人にとっては経済合理的な行動になる。政府は人びとに持家の所有を促せば社会保障支出を削減できる。このような関係は後述するグローブスらの「アセット・ベース型福祉国家」（Groves et al. eds. 2007）の出現を予言するかのようである。

5　後期近代における福祉国家の再編

5・1　アセット・ベース型福祉国家への再編

ケメニーのハウジング・レジーム論は、社会が豊かになれば持家が増えるという主張に対する有力な反証だった。しかし、現在ではドイツを除く多くの先進国で持家率が高くなっている。多くの国では財政再建のために社会保障を削減するようになり、そのかわりに持家が重要になったからである。後期近代において、福祉国家はベヴァレッジ型から「ワークフェア国家」「競争国家」、そして、自己責任と個人資産を当てにする「アセット・ベース型福祉国家」へと変容した（Groves et al. 2007a,b; Lowe 2011=2017）。

グローブスらは東アジアに注目する。そして、住宅はそれぞれの家族が住む場所であるだけではなく、資金を提供するものとなったと説明する。その結果、これまでは国家が供給していた福祉サービスを個人が市場で購入するようになった。持家が生み出す経済的利益は公的年金のかわりになった。持家による経済的利益として想定されているのは主にエクイティ・リリース（持家を担保とした追加の借り入れ）だが、持家の売却益もある。また、イギリスの事例で後述するが、年金がわりのみならず若年期のさまざまなニーズにも対応するようにその用途は広がっていった。

このため、かつて福祉国家の「ぐらついた柱」（Torgersen 1987）[3]だった住宅は、むしろ主要な柱の一つとなった。「ワークフェア国家」では就労と社会権の結びつきが強くなる。人びとが社会保障を受けようとするならば、まず働いていること、あるいは働くための努力をしていることが求められる。現代的な意味での「働かざる者食うべからず」というわけである。政府の役割は人びとに持家や投資用物件（Buy to let）の取得を促すような住宅政策を進めること、さらにその持家が経済的利益を生み出すように金融システムや市場を整備することに限定される。

5・2 財産所有民主主義と左派の退潮

なぜこのような福祉国家の再編が起こったのか。歴史を振り返ると、先進国の経済成長が一段落した一九八〇年代には、財政再建と小さな政府を志向する政権がイギリス、アメリカ、そして日本で誕生した。

「財産所有民主主義」を理念としていた保守党から誕生したサッチャー首相は持家所有を強力に推進したが、保守党だけではなく労働党もまた以前から労働者が持家を持つことに賛成していた（Lowe 2011=2017）。第1章でも述べたように一九六〇年代にＩＬＯ（国際労働機関）が社宅の禁止を勧告したのちには、日本でも政労使の思惑が一致して労働者の持家取得が推進された。

ＥＵ創設を定めたマーストリヒト条約が調印された一九九二年以降、ヨーロッパではＥＵ統合とグローバル化が進み、各国の主要政党の政策は似るようになった。ヨーロッパの社会民主主義政党も「現実路線化」を進め、政権に参加したあとは保守政権と変わらない財政緊縮路線を推進したために労働者の支持を失った。市場原理主義は政治的党派性を超えて浸透した（新川 2004; 水島 2016）。

持家が生みだす経済的利益によってリスクに対応する「アセット・ベース型福祉国家」が成立する前提条件はグローバル化と新自由主義である。金融資本はグローバル化し、金融システムは自由化する。通信技術も発展する。ピエール・ブルデューはこれらの要素が結びついて世界の経済・金融が統一される過程としてグローバル化を定義する。そして国営企業は民営化される。各国独自の政策は否定され、アメリカのモデルが世界に押しつけられることをブルデューは批判する。アメリカが世界共通のモデルになるきっかけは、ＩＭＦ（国際通貨基金）・アメリカ財務省・世界銀行が緊縮財政・民営化・市場自由主義を柱とする市場万能主義に転換した「ワシントン・コンセンサス」である（Bourdieu 2000=2006; Stiglitz 2006）。

住宅市場にとって決定的に重要なのは住宅ローンの証券化である。住宅ローンの仕組み自体は日本でも戦前から存在していた。戦後は与信技術が発展して貸し倒れのリスクが高い借り手とそうではない借り手を区別できるようになった。そのおかげで担保となるようなまとまった資産を持たないホワイトカラーのサラリーマンでもローンを組んで住宅を買えるようになった。さらに、一九八〇年代以降はこれまで個人には融資をしなかった民間金融機関が個人向け住宅ローンに本格参入した。そして、多様な住宅ローン商品が開発され、低金利政策の恩恵を受けて住宅を買うチャンスがより多くの人に拡がった。

住宅ローンの証券化はアメリカから発展した不動産担保証券化の一種である（大垣ほか 2015）。企業にとっては貸借対照表から不動産を外すことができるので企業価値が高まったり、土地を担保にするよりも低コストで資金調達ができたりするメリットがある。そのほかにも証券化には貸し倒れのリスクを分散するメリットがある。このような新しい仕組みが人びとにとって意味することは何だろうか。それは貸し倒れのリスクが高い低所得者も住宅ローンを組んで住宅を買えるようになったということだ。逆にいえば、このような仕組みを作ってでも低所得者に住宅を買わせることで住宅市場を過熱させ、経済を成長させてきた。その仕組みが破綻したのが二〇〇八年の「リーマン・ショック」である[4]。

日本でよく目にする「フラット35」とは住宅金融支援機構（旧・住宅金融公庫）の証券化支援事業を活用して投資家から資金を集め、住宅を購入したい人に長期固定金利で住宅購入資金を貸す仕組みである。不動産投資信託（J-REIT）という言葉も聞くようになったが、これはいわばみんなで大家さんになる仕組みである。ただし、不動産ならすべてが投資対象になるわけではない。投資家に収益をもたらすような魅力的な物件、たとえば好立地にある新しいオフィスビル、商業施設、物流施設などが対象になる。

そして、世界の都市は高所得者をひきつけるような魅力的な存在であることを求められるため、都市の再開発が進む（平山 2006; Florida 2008=2009; 町村 2020; Sassen 2001=2008）。

5・3 競争への主体的参入と正当化

住宅ローンの証券化によって多くの人が住宅を買えるようになった。また、私たちは持家を購入するだけではなく、投資をして老後に備えることを求められるようになり、日本にいながらアメリカをはじめ世界中の不動産投資信託を購入するようにもなった。金利が低いため、銀行に預けてもお金はあまり増えず、公的年金はあまりあてにできないからである。住宅ローンも固定金利型よりも変動金利型を選ぶ人が7割と圧倒的に多い（住宅金融支援機構「住宅ローン利用者の実態調査」二〇二三年四月）。運が良ければ変動金利型のほうが総返済額は低くなるが、金利が上がれば返済額が増える可能性があるので一種の賭けである。

日本だけではなく世界の金融政策が私たちの日常生活に影響を及ぼすようになった。このようにグローバルな経済環境が家計と連動するなかで住宅を所有せざるを得ない状況は人びとにリスクをもたらす（Ford et al. 2001）。

しかし、私たちはいつのまにかグローバル経済に組み込まれてマネーゲームに参加することをやめられないどころか、むしろ積極的に参加してすらいる。ローンという負債がある人びとは規律化されて行動の不確実性を減少させ、将来の変化を予測して適応する。序章で触れた「未来の植民地化」である。人びとが連帯する集合的行動の記憶は忘れられるようになる。民主主義社会における市民として必要な知識と経験を獲得することには関心がなく、住宅市場が破綻しても国家に保護を要求しない。国家や企業が外部化するコストやリスクを引き受けて、どのような結果が得られても「自己責任」というわけである（Lazzarato 2011=2012; Brown 2015=2017）。これが新自由主義な社会において人びとに期待される人間像である。このような個人化と並行して、女性が家庭でケアを提供すること、そして親子が助け合うことを当然とみなすファミリズムのイデオロギーもまた国による福祉の削減を正当化するために動員される（Walker 1996）。

本章の「はじめに」で触れたように、日本では人が貧困に陥るのは努力が足りないからだと考える通俗道徳が江戸末期から存在していた。この通俗道徳は支配階級のイデオロギーである儒教思想に由来し、小地主や自作農上層が庶民に対して勤勉、倹約、謙譲、孝行が重要であることを説いた。「心」を重視する民衆思想とも相まって、当時の人びとに大きな影響を与えた。なぜならばこれらの行動原理に従えば、とりあえず自分はうまくいくこともあるからである。しかし、うまくいかない人もおり、むしろそのほうが多いだろう。それでもうまくいった人びとや地域は他の人びとや地域にとってモデルとなった。そして、「心」やその表れとしての行動が強調されることで、貧富の差は人格の問題へと還元され、貧富の差を生む構造的な問題はみえなくなった（安丸 1999）。これは歴史学・思想史研究が明らかにしたことだが、現代の人びとの行動にも通じる点がある（松沢 2018）。人間が適切に行動すればそれにふさわしい結果が得られるはずと仮定する公正世界仮説にはふたたび注目が集まっている。しかし、世界は公正にできているはずという信念に反するケースが現れると、その矛盾を解消するために人びとはむしろ被害者を非難しがちである。やはり構造的な不平等や運・不運の存在は見逃される。アメリカでもハーバード大学のマイケル・サンデル（Sandel 2020=2021）がアメリカのエリート層は経済的に恵まれた家庭の出身であるにもかかわらず、自分たちが獲得した地位は自分たちの才能と功績のためと考えがちであることを批判すると同時に、そのような態度の背景には親や子の不安があると指摘する。

以上のように、社会経済的に成功した人びとは道徳的にも正しいとされる一方で成功しなかった人は道徳的に正しくないとされ、スティグマを付与されるので人びとは分断される。人びとを分断する軸は職業、学歴、ジェンダー、人種などいくつも存在するが、現代社会では持家があるかどうかもその基準として重みを増しているのではないか。そのため、「財産所有民主主義」は人びとをつなぐどころか、むしろ分断して連帯を損なっている。次にいくつかの事例を紹介したい。

5・4　いくつかの事例

・イギリスの場合

工業社会では男性稼ぎ主モデルと公的な賃貸住宅（カウンシル・ハウジングと呼ばれる公営賃貸住宅）が都市を支えてきた。一九五〇年代には労働者階級が郊外の公営賃貸住宅に移住して職場に代わる新しいコミュニティを作り出す動きもあった。しかし、一九五〇年代の保守党政権は持家政策を推進した。それは公営賃貸住宅＝貧しい人びとのための場所という戦前の社会認識を復活させるためである。既婚女性の就業も家を持つことを可能にした。一九七〇年代のＩＭＦ危機や公務員によるストライキの後に登場したサッチャー首相は党内の穏健派を排除して国営企業の民営化や金融自由化を推進した。そして社会保障を削減したため、人びとは市場において自力で老後に備えるように促された。高齢期のケア費用を捻出するために持家は子どもたちに相続せず売却するか、子どもたちが相続してもすぐに売却される。他方、公営賃貸住宅に対する補助金は一九八〇年代に廃止され、居住者に格安で売却された（Right to Buy）。しかし、収入が少ないがゆえに買取権を行使できず、公営賃貸住宅に住み続けざるをえなかった人たちは勤労意欲を減退させ、そのような人びとが住む団地は荒廃するようになった（長谷川 2017; Hammett 1996; Lowe 2011=2017）。

金融分野での規制緩和（ビックバン）によって、（返済可能なら）住宅ローンが残っていてもその家に住み続けながら追加の借り入れができるようになった。これをエクイティ引き出しまたはエクイティ・リリースという。その利用目的は住宅の補修・増築だけではなく、車や他の消費財の購入、ビジネス、ローン、投資、バカンス、医療費、授業料など幅広い（Smith and Searle 2008: Lowe 2011=2017）。実際にはいろいろな融資条件があるが、持家を担保として追加の借り入れができるならば、万が一のために貯蓄をする必要はなくなり、その分を消費に回すことができる。エクイティ引き出しの残高は一九九八年には2億ポンドだったが、二〇〇三年には５００億ポンドまで拡大した（細尾 2008）。住宅価格が上昇すれば借入可能額は増えるため、個人消費が促されて景気が拡大するサイクルが続いてきた。

ちなみにジェンダーの視点からみれば、持家の購入にあたって女性の経済的貢献が求められるようになったので、イギリスの女性は自分名義の資産を持つようになった（財団法人家計経済研究所編 2006c）。

・オランダの場合

せっかくなのでここでは筆者が二〇一七～二〇一八年に行ったインタビュー調査でわかったことを紹

介したい。キリスト教（カルヴァニズム）の伝統と社会主義的労働運動の影響もあり、オランダは公的賃貸住宅（オランダでは社会賃貸住宅とよぶ）が多い統合的賃貸市場の社会であった。公的賃貸住宅には中間所得層も住むことができたし、今でも条件つきではあるが住むことができる。立地の良い場所にも公的賃貸住宅が建てられ、民間賃貸住宅に比べてもそれほど質は低くない。筆者がインタビューしたインフォーマントのAさんは、公的賃貸住宅の買取制度（居住者への売却）もあるが、一棟あたりの売却数の上限が定められているなど、ソーシャルミックス（社会的混合）の実現を目指していることを喜んで話してくれた。オランダは人びとが自分自身の経済状況について比較的オープンに話す土地柄もあり、公的賃貸住宅に対するスティグマはそれほど強くはない。ただし公的賃貸住宅への入居者希望者の待機リストは長く、希望していてもなかなか入居できないことは社会問題になっており、入居審査にはポイント制が導入されるようになっていた。そうした背景には移民の流入もある。それでも、オランダ人の多くが生涯に一度は公的賃貸住宅に住むといわれるのは（小玉 2010）、学生用の住宅（男女混合が大半）も公的賃貸住宅に分類されるためらしい。現在でも家賃統制は存在する。そして、低所得層に対しては申請なしに自動的に家賃補助が口座に振り込まれる高度なＩＴ社会とも聞いた。インフォーマントBさんは、家を出た子どもが家賃補助を受けていることに対して「高い税金を払い続けてきた見返りがようやくあったような気がする」と話してくれた。

しかし、オランダでもイギリスと同様に住宅市場の民営化は急速に進んでいる。現在では自治体が公的賃貸住宅を供給・管理することはなくなり、サードセクターである住宅協会が管理・供給している。住宅協会に対する政府の補助金がカットされるようになったため住宅協会が合併を繰り返した結果、入居者に対するサービスの質は低下した。現在では、公的賃貸住宅は徐々に低所得者向けとなっている。持家率は60％近くに上昇した（村上 2019）。自分の死後、子どもたちは持家を相続するがすぐに売却するだろうと、すでに現役を引退したインフォーマントCさんは当然であるかのように語った。

労働党（PvdA）にかつての勢いはない。自由民主国民党（VVD）のような新自由主義的な政党が長年首相を輩出しており、人口が増加しているため住宅市場は過熱している。キリスト教民主主義政党の政治家ですら、公的賃貸住宅は市の再開発計画によって立ち退きを迫られるので持家が望ましいと考えていた（二〇一八年三月、地方選挙期間中のライデン市内での聴き取りによる）。実際、その当時はライデン大学のキャンパス再開発のために大学に隣接する公的賃貸住宅の取り壊しが決まっており、反対運動はあったものの入居者たちは市内の別の公的賃貸住宅に分散して引っ越すことが決まっていた。

オランダでは夫婦が共同で住宅ローンを組むほうが高い価格の物件を購入できる。その物件を高値で売却した差益（キャピタルゲイン）を元手にさらに良い住宅に住み替えたり、資産を蓄積したりする行動が若い世代では増えているようである。筆者が毎週買い物をしていた食料品店のDさん夫妻は住宅を購入して一年経つか経たないかのうちに別の家を購入して住み替えたので友達は羨ましがっていたが、Dさんの両親はびっくりしていたほどである。このように住宅が資産形成の手段になったため、以前に比べると住宅が集合行動の対象になりにくく、個人主義的で自己責任の風潮もみられるようになったとDe Correspondentではたびたび報道されてきた。もっともキャピタルゲインだけが住み替えの理由ではなく、ライフステージに応じた住み替えも多い。

オランダの国土面積は九州地方とほぼ同じで狭いにもかかわらず人口は増加しており、環境問題への関心も高いために新築住宅の建設はなかなか進まない。住宅価格は高騰しており、現在では男性一人の収入で持家を購入することは極めて難しくなった。そのため、かつては既婚女性の就業が制限されていたオランダでも就業率が上昇した。離婚も少なくない。オランダで子どもを育てたEさんは自身が子育てをしていた二〇〇二〜二〇一一年頃を振り返り、「昔はこんなに女性は働いていなかった」と語った。男性の働き方も変わり、企業命令による転勤は拒否するようになり（Cさんの友人であるFさん）、大企業であっても住宅関連の福利厚生を提供することはまずない（Gさん）とのことであった。

それでも統合的賃貸市場の名残があり、筆者にはオランダの住宅環境はかなり良好にみえた。格差も比較的小さい。ただし、単身者なのかカップルなのか、カップルの二人とも、もしくはどちらかがオランダ人か、カップルの両方またはどちらかがEU市民か、両方とも日本人や移民かなどの違いによって住環境が異なることが印象に残った。

オランダでは住宅価格も民間賃貸住宅の家賃も高くなっている。民間賃貸住宅では家賃補助は受けられない。近年再開発が進み、目覚ましい変化を遂げているのはロッテルダムである。労働者の街であり、伝統的に労働党の勢力が強かった。現在の市長アフメド・アブタレブも労働党であるが、労働党の勢力は衰えており、低所得者が住むことは難しくなっている。

ロッテルダムに限らずオランダの大都市では住宅不足は深刻である。その原因は子どもの自立（離家）、仕事や留学のためにオランダに移住する単身者、難民の急増と高齢化である。高齢者用住宅や施設が不足しているため、高齢者が大きな家に住み続けているミスマッチがある。住宅不足にもかかわらず難民には住宅がすぐに提供されるため、難民に対する視線は次第に厳しくなっており、ポピュリズム政党の勢いが増している。ライデン市内でたまたま出会って話を聞かせてもらったオランダ人の高齢女性は富裕層が住む郊外に住んでいたが、自宅近くに難民を収容するシェルターが設置されることに否定的な意見を持っていた。

深刻な住宅不足にあって人びとが住宅を求める声は強く、オランダ政府は社会賃貸住宅を増やす目標を掲げたが、移民政策をめぐる対立によって二〇二三年七月に第4次ルッテ政権が崩壊したため、今後の見通しは不透明である。

・フランスの場合

趣味と社会的地位の関係について文化的再生産論を構想したブルデューの関心は、キャリアの後期には新自由主義批判へと移っていった。そこでブルデューが注目したのは住宅市場である。ブルデューもまたケメニーと同様に住宅市場は人びとと国家によって需給が構築された産物だとみなす。また、ブルデューはアイデンティティという言葉こそ用いてはいないが、人びとにとって住宅所有は経済的かつ情緒的投資の機会とみなす。分析においてブルデューらしさがいかんなく発揮されているのは住宅に対する人びとの選好の社会的特性（社会階層）と住宅メーカーの社会的特性とが対応していることを明らかにしたことである。しかし、本書の問題関心に照らしてより重要であるのは住宅メーカーの巧みな販売戦略によって人びとは経済合理的に行動するようになるが、ローンがあることで家に縛りつけられてバカンスをあきらめたり、長時間通勤のために職場や地域の人間関係から排除されたり、映画を観ることすらままならなくなっている現状である。ここからブルデューは郊外の一戸建住宅は人びとを困窮させるものだと指摘する。そして、住宅を購入した人びとは新自由主義から得られるはずと期待していた利益を得られないので、家族は子どもの教育を中心とするエゴイズムの場になるとブルデューは述べる（Bourdieu 2000=2006）。

同書によれば、フランスが持家社会になったきっかけはジスカールデスタン大統領（在任：一九七四～一九八一）が、人びとにたいして最小限の資産を取得する個人的権利の保証を提唱したことのようだ。並行して銀行による住宅ローンが普及して住宅メーカーは発展し、与信技術の発展によって銀行は新しい顧客を獲得した。そのため、住宅を親から直接相続する割合が減少して若い年齢層での住宅ローンの利用による住宅購入が増えて持家率が上昇した。一九七〇年代には住宅政策の改革がおこなわれたが、公的賃貸住宅は恵まれない層には届かず、住宅カテゴリーが多様化したことで社会的・空間的分離が強まったという。

フランスにおける社会的・空間的分離とは郊外の大規模団地（公的賃貸住宅）に移民やフランス人低所得者が住み、そのような場所を社会経済的に豊かな人びとは避けることである。郊外の団地はしばしばニュースで報道されるような「暴動」の舞台となる。そこで暮らす人びとの生活史をブルデューらは『世界の悲惨』（Bourdieu ed. 1993=2019・2020）で描いた。フランスにおける社会的・空間的分離のきっかけは都市開発と持家政策への転換によって空室が増えた郊外の団地に移民労働者を受け入れたことである。しかし、フランスには共和国の理念のもとですべての人は平等であるとするカラー・ブラインド・イデオロギーが存在するために、むしろ社会的分断が見えにくくなっている（森 2016）。前述したオランダでは同じ地区に社会階層が異なる人が隣り合って暮らすソーシャルミックス（社会的混合）が一定の効果があると言われているが（村上 2019）、フランスについてドンズロ（Donzelot 2006=2012）は否定的であり、都市政策は失敗したと批判する。そのかわり、住宅・就学・雇用を通じて社会的移動を促したり、居住者たちの実現能力を高めたりすると同時に都市政策を見直すことを提言する。

5・5 居住資本主義の四つの世界

このように、イギリスを典型として先進諸国では住宅を所有しているかどうかが高齢期だけではなくライフコース全般に影響するようになった。そのうえ、住宅ローン市場の動向がただちに人びとの生活を左右するようにもなった。このような実情を踏まえてシュワーツらは居住資本主義論を提唱した。これは持家率と住宅ローン残高対ＧＤＰ比の高低の組み合わせによって各国を四つに分類するものである。持家率は各国における住宅の商品化度を反映する。持家率が高ければ商品化度が高い。住宅ローン残高対ＧＤＰ比が表すのは住宅金融システムの自由度である。これは住宅ローンの証券化の程度や各国の住宅市場とグローバルな金融市場との結びつきの強さを表す。表２－２はシュワーツらの居住資本主義論を整理したものである（Schwartz and Seabrooke 2009）。

一つめの「コーポラティストマーケット」は保守主義と自由主義の混合といえる。持家率は低く、ローン残高は高い公的賃貸住宅セクターは大きい。居住権は社会権である。住宅ローンの証券化が発達している。住宅市場は階層化されており、持家を所有できるかどうかは経済力に依存し、持家と賃貸層は断絶している。住宅取得にあたって家族の影響力は弱い。賃貸住宅を管理するのは主に公的組織である。

二つめの「リベラルマーケット」は自由主義である。持家率もローン残高も高い。家屋は資産である。

表 2-2　居住資本主義論の 4 類型

	コーポラティスト マーケット	リベラル マーケット	ステイ ティスト	家族主義
ハウジング＝社会権	○	×	○	×
持家―賃貸の階層化／商品化	強い	強い	弱い	中間
家族化	弱い	弱い（市場での自助）	?	強い（非市場的な自助）
賃貸住宅の管理	公的組織	?	民間	?

注：シュワーツら（Schwartz and Seabrooke 2009）より筆者作成。

住宅は高度に商品化されているため、経済力の有無が持家取得に影響する。持家と賃貸層には断絶がある。市場における自助努力が重視されるため、家族化の程度は弱い。三つめは「ステイティスト（国家主導による開発主義）」である。持家率もローン残高も低い。ここではハウジングは社会権である。住宅所有の有無による階層化の程度は低い。賃貸住宅の主な管理者は民間である。四つめは「家族主義」である。持家率は高いがローン残高は低い。家屋は家族にとって社会的利益をもたらすものであり、社会権ではない。公的賃貸住宅は少ない。住宅ローンの証券化も進んでいない。フォーマルセクターでの雇用が住宅所有と関係するため、持家の有無は階層化している。ここでの自助は家族や友人同士の助け合いを含む。家族や友人たちが協力して自分たちで住宅を建設することもあるようだ。親子の同居率も高い。

この居住資本主義論のポイントは二つある。まず、新しい基準を用いることで「コーポラティストマーケット」という類型を発見したことである。さらに、日本は 4 類型それぞれの特徴を備える混合型だと示したことである。

5・6　ケアの視点からみる二つの世界

第1章をふまえると日本は開発主義が強いと考えられるが、居住資本主義論ではなぜ混合型になったのか。その原因はまず若年層の結婚・出産が少なくなり、親元にとどまり持家を取得しないために、持家率がほとんど変化していないためではないか。次に、日本はイギリスほどエクイティ・リリースが普及していない。そのため、日本では依然として予備的貯蓄が重要である。また、目的別ローンや民間保険のほかには消費者金融や銀行のカードローンが一般的である（小島 2021）。

日本でのエクイティ・リリースについては、近年ではリバース・モーゲージ（高齢者が自宅を担保に現金を借り入れて、死後に自宅を売却して返済する仕組み）やリース・バック（業者に自宅を売却して、家賃を払いながら住み続けられる仕組み）の広告が目立つが、かつては利用条件が厳しいために利用実績は少なかった。それはなぜか。金融の規制緩和が進まず新築持家志向が強い。人口動態もあるだろうが、もっとも大きな要因としては日本では親が子どもに住宅を相続させたり、住宅取得を援助したりする見返りとして子どもから老後のケアを調達してきたからではないか。つまり住宅の売却によるケア費用調達の必要がなかったからと説明できる。このようなケア調達のスタイルを「家族媒介型」と呼ぼう。ここでは縦の関係である親子（定位家族）を家族と呼ぶ。

一方、イギリスやオランダのようなケースは既婚女性も就業して持家を取得して、そこから得た利益によってケアを調達する。これを「市場直結型」と呼ぶことができるだろう。ここでは家族とは横の関係であるカップル（生殖家族）を指す。セインズベリー（Sainsbury 2008）の「男性稼ぎ主モデル」を反映した社会政策は女性にとって不利である。男女平等による福祉国家の再編成は、「市場直結型」の社

表 2-3　持家とケアの調達に関する 2 つのレジーム

	市場直結型	家族媒介型
住宅の商品化の程度	高い	低い～高い
ケア調達	持家の売却益 持家を担保とした追加借り入れ	持家の継承・取得に基づく親子間の援助の交換
既婚女性の労働力参加	高い	低い～中
少子高齢化	緩やか	深刻
脱家族化の程度	高い	低い
社会の分断	中～高い	中～高い
住宅市場	加熱	一部のみ加熱

会では実現したかっこうといえる。このように西ヨーロッパでは個人が経済的に能動化し、パートナー関係における経済的義務を共同で負担することが標準化したため、福祉国家の負担が軽減されるようになったことはベックも指摘する（Beck 2011）。そのかわり、これらの国では住宅市場が過熱しており、若年層が住宅を取得するハードルの高さが問題になっている。オーストラリアでも若年ホームレスが問題になっているようだ。

「家族媒介型」と「市場直結型」のうち、日本は「家族媒介型」の典型であろう。日本は成人子との同居、親から子に対する持家の継承、あるいは持家取得の援助と交換するかっこうで親が子どもから老後のケアを受ける慣習が広く観察されてきたからである。既婚成人子のなかでも、とくに長男に集中して土地・家屋を相続させることは家系の存続のためだけではなく、持家の社会保障機能を活用する経済合理的な行動と解釈できる。

一方、既婚女性の就業については家計補助にとどまるため、女性が自分名義の住宅資産を所有することは多くはなかった（財団法人家計経済研究所編 2006b, 2006c）。住宅市場が過熱しているのは大都市の一部にすぎない。夜の街をさまよう若者をサポートするボランティアやNPO、ネットカフェ難民、若者（とくに女性）向けの宿泊支援やシェアハウスを運営するNPO、居場所のない若者たちの行動が報道されるが、ときおり注目が集まるだけであり、そこに構造的な課題があるとは認識されない。

しかし、西ヨーロッパとは異なり、日本では新自由主義とグローバル化の影響に伴う若者の生活の不安定さを親が支えてきた。近年では既婚成人子と親との同居は減少したが、未婚成人子と親との同居はむしろ増加した。このようなパラサイトシングルの存在が注目されるようになったのは一九九〇年代である。若者の雇用が不安定になり、企業による住宅関連の福利厚生の恩恵にあずかれない若者が増えた。このような意味では日本も新自由主義とグローバル化、後期近代における福祉国家再編の影響を受けている。福祉の供給において家族と市場の役割がますます大きくなった点は他の先進国と共通する。むしろ日本は昔から「アセット・ベース型福祉国家」だったのではないか。表2‐3は筆者のアイデアを人口動態も含めて整理したものである。「家族媒介型社会」で住宅の商品化の程度が低いのは、親から子どもへ住宅が相続されたり、同居したりすることがあるためである。

6　まとめ――親子関係に埋め込まれた日本の持家

本章で確認したのは前期近代において機能していたベヴァレッジ型（またはケインズ型）福祉国家が後期近代では機能しなくなり、「アセット・ベース型福祉国家」へと再編されたことである。第2次産業から第3次産業への産業構造の転換があり、新自由主義的な政策が導入された。一九八〇年代以降は政府の支出を削減するために鉄道や住宅市場などが民営化された。これは日本だけではなく、イギリスをはじめ多くの国で行われた。公的賃貸住宅は補助金を削減され、居住者に売却されたり、サードセクターに移管された。さらに持家から得られる経済的利益によってみずからリスクに備えることが人びとに求められるようになった。これが「アセット・ベース型福祉国家」である。その典型はイギリスである。人びとがむしろマネーゲームに主体的に参入する持家中心の社会になり、より良い住宅を購入するため既婚女性の就業が増えた。同時に多くの国で労働市場は不安定になり、離婚も増えるなど家族が不安定になった。

このような変化を理解するうえで重要な出発点として、各国の住宅市場を統合的賃貸市場と二元的賃貸システムに分類し、かつ持家の社会保障機能について論じたケメニーの理論を紙幅を割いて紹介した。表2－4はいくつかのレジームを整理したものである。この表からは研究者による分類の基準や命名こそ異なっていても、各国はおおむね似たようなグループにまとまるがズレもあることがわかる。

現在のところ、日本はイギリスほどには「アセット・ベース型福祉国家」が進展しているとはいえない。日本では、親子の同居あるいは親から子に対する持家の相続や住宅購入の援助の見返りとして子どもから親に対する老後のケアが提供されてきたからだ。東アジアでは、持家は「親族ネットワークの中での相互依存の意識や中間層の連帯感を高めるために利用されてきた」とロナルドは指摘する（Ronald 2008: 236）。つまり、日本の住宅所有は親子関係の中に埋め込まれてきた。しかし、見方によってはむしろ日本のほうがもともと「アセット・ベース型福祉国家」であり、カップルを軸とする他国などに対して、日本は親子を軸とする違いにすぎないともいえる。

江戸末期以来の日本の通俗道徳は強力なイデオロギーとして作用し変形しながら、持家を軸として親子間で助け合うことを奨励することで、政府による社会保障支出を削減する効果を持ったのではないか。そう考えると、日本が自由主義や家族主義、保守主義が強いことは納得できる。自助努力そして家族や仲間うちで助けあうからだ。

親子で助けあう日本の仕組みは今はまだなんとか持ちこたえているようだ。しかし、現在の若者は自分たちは親がしてくれたようには子どもにはしてあげられないとして結婚や出産を控えるようになっている。子どもがいないカップルも少なくない。したがって、今後は日本でも親子間での援助とケアの交換が成り立たなくなり、市場で直接ケアを調達する社会に移行する可能性は十分にある。実際、日本でも老後に現金を得るためのリバース・モーゲージの利用が増えているという（二〇二一年五月一九日付日本経済新聞）。一方、ヨーロッパでは親世代が子世代の住宅取得を支援するようになっているので、日本に近づいているようだ（Ronald and Lennartz 2018）。この収斂仮説を検証するためのデータは残念ながら不十分である。しかし、福祉国家と市場と家族の関係を住宅の視点から分析して新しい社会を構想する意義は高い。そのためには、まずは手元にある利用可能なデータを分析していく必要がある。

表 2-4　主要国のレジーム

	エスピン＝アンデルセン	グローブズら	ケメニー	ロー	シュワーツら
アイルランド	混合？	自由主義	二元的賃貸システム	？	カトリック・家族主義
アメリカ	自由主義	自由主義	二元的賃貸システム	持家優位社会	リベラルマーケット
イギリス	自由主義	自由主義	二元的賃貸システム	持家優位社会	リベラルマーケット
イタリア	自由主義（南ヨーロッパ）	コーポラティズム	二元的賃貸システム	持家優位社会？	カトリック・家族主義
オーストラリア	自由主義	自由主義	二元的賃貸システム	持家優位社会	混合
オーストリア	保守主義	再分配型	統合的賃貸市場	混合的／多元的システム	開発主義
オランダ	保守主義	再分配型	統合的賃貸市場	混合的／多元的システム	コーポラティストマーケット
カナダ	自由主義	自由主義	二元的賃貸システム	持家優位社会	リベラルマーケット
スイス	保守主義	？	統合的賃貸市場	？	コーポラティストマーケット
スウェーデン	社会民主主義	再分配型	統合的賃貸市場	混合的／多元的システム？	コーポラティストマーケット
旧共産主義国	——	——	——	旧共産主義国	開発主義／カトリック・家族主義？
デンマーク	社会民主主義	再分配型	統合的賃貸市場	混合的／多元的システム？	コーポラティストマーケット
ドイツ	保守主義	再分配型	統合的賃貸市場	混合的／多元的システム？	コーポラティストマーケット
日本	混合（南ヨーロッパ）	東アジア型	二元的賃貸システム	持家優位社会	開発主義
ニュージーランド	自由主義	自由主義	二元的賃貸システム	持家優位社会	リベラルマーケット
ノルウェー	社会民主主義	再分配型	二元的賃貸システム	？	リベラルマーケット
フランス	保守主義	コーポラティズム	二元的賃貸システム	？	開発主義
ベルギー	保守主義	再分配型	二元的賃貸システム	？	カトリック・家族主義

注：エスピン＝アンデルセン（Esping-Adersen 1990=2001, 1999=2000），グローブズら（Groves et al. 2007），ケメニー（Kemeny 2006），ロー（Lowe 2011=2017），シュワーツら（Schwartz and Seabrooke 2009）をもとに筆者作成。

注

（1）なお、ケメニーは一連の著作のなかで非営利セクター、公営賃貸住宅、原価家賃住宅、非営利住宅、あるいは利益住宅セクター、民間賃貸住宅など多様な概念を用いているが、ここでは読みやすさを優先して公的賃貸住宅、民間賃貸住宅とする。

（2）その他、ケメニーに対する批判は Stephens（2016, 2017）を参照。また、ハウジング・レジームを構成する国の内訳は時点によって変わるという分析もある（Dewilde 2017）。

（3）保健医療・教育などとは異なり、住宅が「ぐらついた柱」とみなされてきたのは、住宅市場があり、主に民間企業が住宅を供給してきたからである。さらに、住宅を購入するために住宅ローンを借りた人は資力調査や必要判定を受けずに補助金を受けられるのに対し、公的賃貸住宅には厳格な資力調査や必要判定をクリアした一部の人だけが入居できるといった不一致が存在することも住宅が「ぐらついた柱」となる理由である（Kemeny 1992=2014）。

（4）アメリカではブッシュ政権（二〇〇一～二〇〇九年）が「Ownership Society（財産所有者の社会）」を掲げて、持家の取得を推進した。この間に発生したリーマン・ショックは、所得が低く信用度の低い借り手に対する住宅ローン（サブ・プライムローン）の延滞率が高くなり不良債権化してリーマン・ブラザーズ社が経営破綻したことをきっかけとした世界的な金融危機である。日本では主に製造業の派遣労働者が仕事と住まいを失い、東京・日比谷公園に「年越し派遣村」が設置された。

第3章　誰が住宅を所有するのか

1　はじめに

これまでの章では日本の住宅政策、そしてハウジング・レジーム論と福祉レジーム論をみてきた。第3～5章ではこのような文脈を踏まえながら、日本における住宅取得のプロセスやそこに影響する要因を分析する。分析の前に住宅所有に関する基本的なデータを確認しておこう。

戦後の持家率はおおむね60％前後で推移してきたことは第1章で述べた。図3－1は家計を主に支える者の年齢別に持家率の推移をみたものである。

この図からわかることは、まず家計を主に支える者の年齢が高くなるほど持家率も高いことである。二〇一八年時点では60歳以上の80％、50歳代の70％、40歳代の60％が持家である。他方、30歳代の持家率は40％を下回り、30歳未満では10％に満たない。30歳代から持家率が高くなるのは、結婚して子どもを持つ人が増えることと関連がありそうだ。日本では結婚して子どもがある程度大きくなってから住宅を購入する。30～40歳代になれば、貯金もでき頭金にすることができる。そして、住宅ローンの返済期

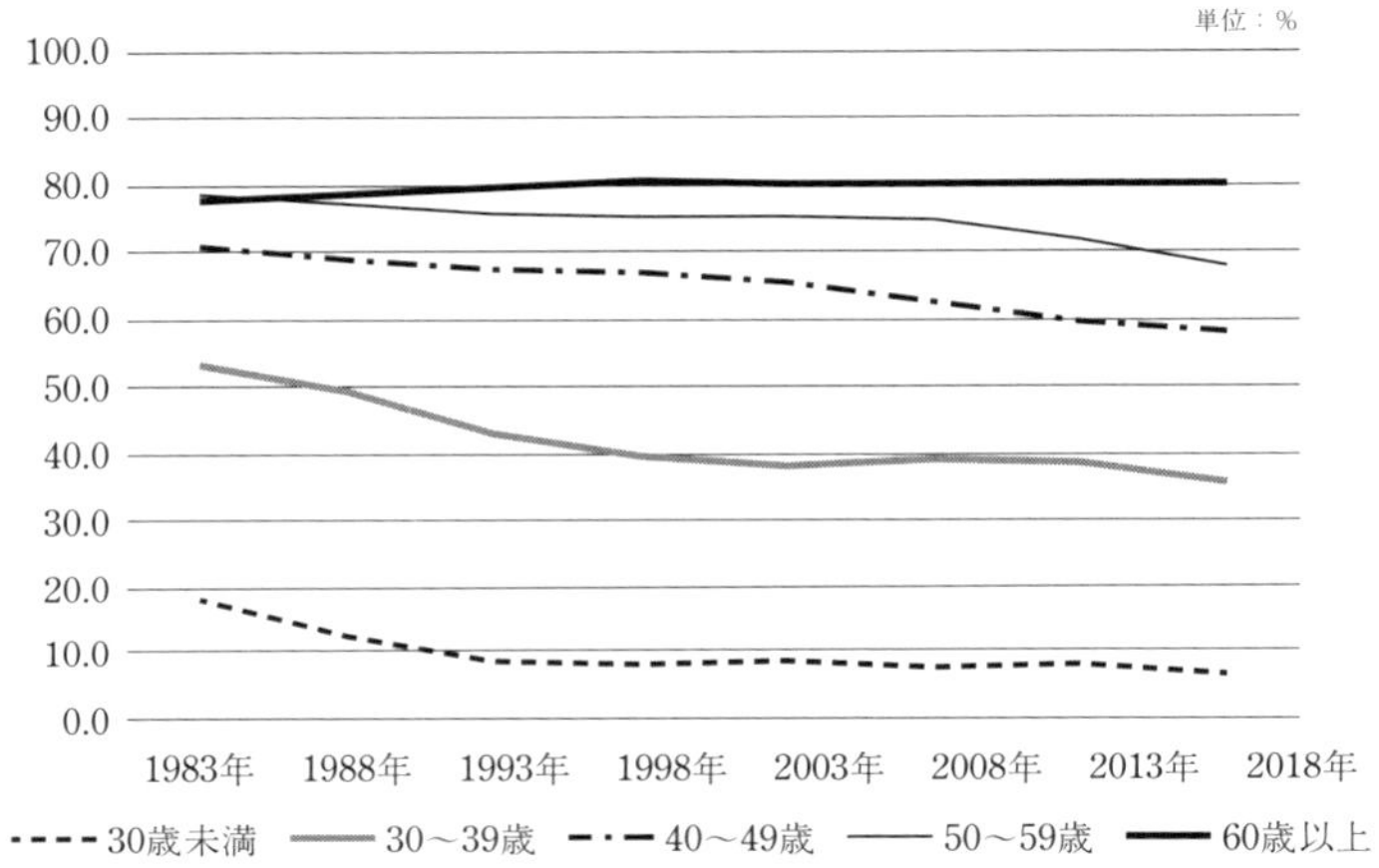

図 3-1　家計を主に支える者の年齢階級別にみた持家世帯比率
出典：総務省統計局「住宅・土地統計調査」より筆者作成。

間、退職時期と子どもの進学時期も重要である。また、住宅ローンを組む際には団体信用生命保険に加入することが一般的だが、被保険者の健康状態も保険に入れるかどうかに影響する。年齢を重ねるにつれて、健康状態は悪くなりがちである。このようなことを総合的に考慮すると、30〜40歳代が住宅の「買い時」である。

図3-1についてもう一つ重要なことは、時系列でみると60歳以上の持家率は横ばいだが、それ以外のすべての年齢層では持家率の低下がみられることである。50歳代、40歳代の低下は二〇〇三年以降に観察できるが、30歳代、30歳未満の低下は一九九〇年代前半から観察できる。一九九〇年代は若者の雇用が不安定になり始めた時期である。雇用が不安定になったために結婚や出産を控え、持家を取得しなくなるのではないか。

つぎの図3-2には世帯年収別の持家率を示した。あくまで調査時点の世帯年収であり、持家を所有したときの世帯年収ではない。これはとくに高齢者にあてはまる。高齢者は一般に世帯年収は低いものの持家率

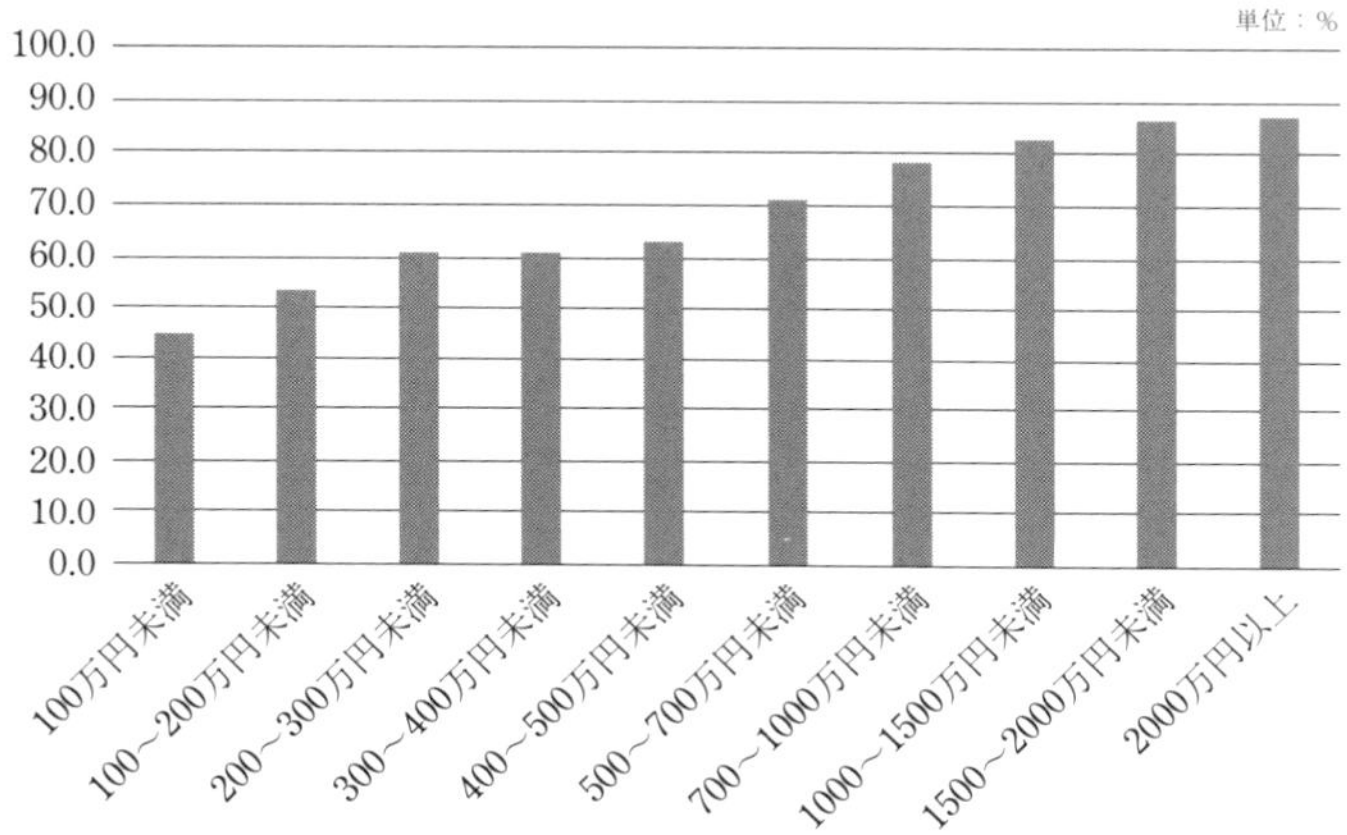

図 3-2　世帯の年間収入階級別持家率
出典：総務省統計局「平成 30 年住宅・土地統計調査」より筆者作成。

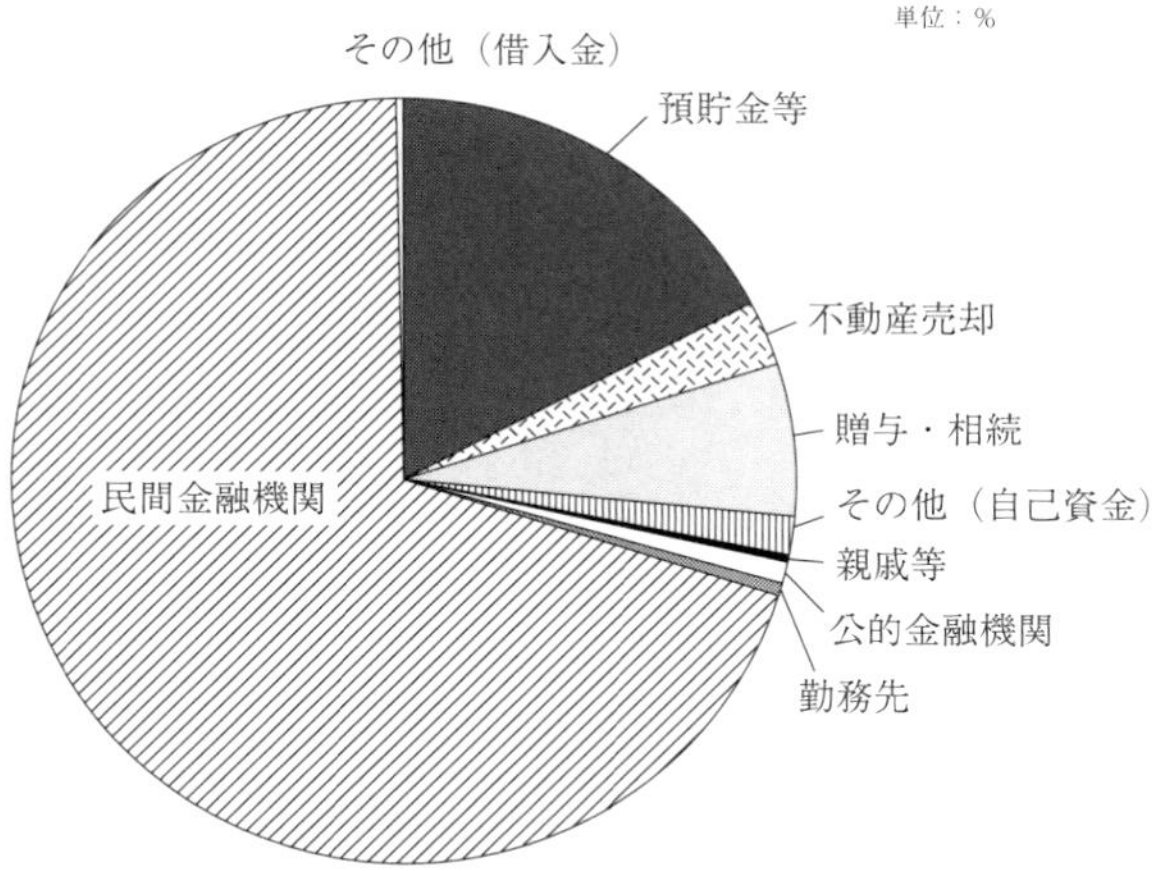

図 3-3　一戸当たり住宅建築資金に占める調達先別資金割合（自己資金と借入金）（2021）
出典：国土交通省（2022）より筆者作成。元データは国土交通省「住宅市場動向調査」。

は高い。また、人びとは相続・生前贈与、親との同居によって住宅を所有することもある。このようなさまざまな要因がこの図には混在しているが、世帯年収が高いほど持家率が高いことが読み取れる。世帯年収200万円~500万円台では6割近くが持家だが、世帯年収が500万円を超えると7割以上が持家になる。世帯年収と持家率に関連があるのは、住宅が「商品」だからである。

住宅取得資金を調達する手段のうちもっとも多いのは民間金融機関での借り入れであり、69・9%を占める。次いで預貯金等が17・3%、相続・贈与が6・4%と続く（国土交通省 2022）。かつては多かった公的金融機関からの借り入れは0・9%、勤務先からの借り入れは0・5%と極めて少ない（図3－3）。

これまで述べてきた年齢、結婚・出産、収入や預貯金などの要因は、相互に関連しながら住宅を所有するかどうかの人びとの決定に影響する。民間金融機関で住宅ローンが借りられるかどうかも借入希望者の収入、職業、勤務先の企業規模などと関わっている。同時に、親から子どもへの生前贈与はひろく利用され、子どもの住宅の所有を促してきた。

本章ではこのような現状を踏まえつつ、どのような要因が住宅所有を促すのか、いいかえれば誰が持家を取得しやすいのかを個票データを用いた統計分析から明らかにする。なお、日本では結婚してから住宅を所有することが一般的であるため、分析対象は既婚者のみとする。

2　住宅所有を促す社会の仕組み

住宅所有を促す要因は複数存在する。これらの要因間の関係について述べたものが、第2章で整理したハウジング・レジーム論あるいは福祉レジーム論などの理論である。理論は分析の手掛かりとなる。それと同時に理論は分析結果を踏まえて彫琢されるものである。

ここで重要な研究として紹介したいのが、クルツら（Kurz and Blossfeld eds. 2004）の成果である。クルツらは国によって持家率が異なる背景には国によって異なる住宅政策があり、ハウジング・レジームおよび福祉レジームが重要な社会構造とみなす。そして主にエスピン＝アンデルセンの福祉レジーム論に依拠して、四つのレジーム（自由主義的レジーム、社会民主主義的レジーム、保守主義的レジーム、そして南ヨーロッパレジーム）が人びとの居住選択に及ぼす影響を検討する。クルツらはエスピン＝アンデルセンの三つのレジームから家族主義が強い南ヨーロッパレジームを別のものとして位置づけるので四つのレジームとなる。第2章でも整理したようにエスピン＝アンデルセンは三つのレジームを原則としているのでここに齟齬があるが、以後はクルツらの分類にならい四つのレジームで議論を進める。

自由主義的レジームで望ましい所有形態は持家であり、民間賃貸住宅がそれに続く。社会民主主義的レジームではかつてはかならずしも持家が望ましいとは限らなかったが、現在では持家率が高い。社会民主主義的レジームと自由主義的レジームの違いは、社会民主主義的レジームでは多くの人が公的賃貸住宅（または社会賃貸住宅）の入居資格を持つ点である。保守主義的レジームでは何が望ましい住宅所有形態であるかは明確ではない。その理由は、家族が住宅所有に果たす役割が大きく、また低所得層は建設費を節約するために家族や友人同士で協力して住宅を建設したりするからだと説明できる。南ヨーロッパレジームでは持家が多く、賃貸住宅セクターでは公的賃貸住宅よりも民間賃貸住宅の役割が大きい。このように福祉レジームが持家取得に影響するとの前提に立ち、クルツらは以下のように予想する（Kurtz and Blossfeld 2004）。

（1）世帯の階層・階級（おもに職業）や収入が、賃貸から持家への移行（持家取得）に影響する強さは福祉レジームによって異なる。階層・階級、収入と持家所有との関連がもっとも強いのは自由主義的レジームである。社会民主主義的レジームでは階層・階級、収入と持家の関連が弱い。保守主義的レジームは自由主義的レジームと社会民主主義的レジームのあいだに位置する。南ヨーロッパレジームでは階層・階級による住宅所有の差が大きい。

（2）親から子への経済的援助（相続・生前贈与）が住宅所有に及ぼす効果も福祉レジームによって異なる。援助の効果がもっとも大きいのは南ヨーロッパレジームであり、援助の効果が小さいのは社会民主主義的レジームである。保守主義的レジームでは家族や友人たちとの自力建設、あるいは家族からの経済的支援が低所得層の持家取得を可能にする。

（3）住宅が生産手段の一部である自営層、とくに自営農は住宅を所有しやすい。土地や住宅の価格が高い都市部に住んでいると、地方に住んでいる人よりも住宅を取得しにくい。これはレジームの違いにかかわらず共通する。

これらの仮説のうち、南ヨーロッパレジームでは家族（特に親）の影響とともに、階層・階級の影響も強いと想定する点が興味深い。なぜなら、人びとは親を選べないが、職業はある程度選択できるからである。戦後、多くの国では核家族化と住宅の商品化が進み、住宅は親から受け継ぐものというよりも購入するものとなった。そのため、現在では住宅ローンを組むことができるだけの階層・階級的地位の高さ——具体的には高い学歴、高い収入、安定した職業、安定した勤務先——が持家取得に有利に働くようになった。しかし、住宅を所有していてもかならずしも所有者の階層・階級的地位が高いとは限らない。持家は購入するだけとは限らず、親からの相続・生前贈与や親との同居によって獲得することもできるからである。このような点に住宅所有の複雑なメカニズムがある。

さて、クルツら（Kurz and Blossfeld eds. 2004）の論文集が対象としているのは西ドイツ、フランス、ベルギー、オランダ、デンマーク、ノルウェー、イタリア、スペイン、イギリス、アイルランド、アメリカ、イスラエルの12か国である。いずれの国も興味深いが、紙幅も限られているため、まず各レジームから一つずつ国を選んで結果を紹介したい。そこで、自由主義的レジームからアメリカ、社会民主主義的レジームからノルウェー、保守主義的レジームから西ドイツ、南ヨーロッパレジームからイタリアを選んだ。さらに、本書第2章で取り上げたイギリス、オランダとフランスを追加して取り上げる。

アメリカでは人種が持家所有に影響する。とりわけ、黒人と白人の差は大きい（Masnick 2004）。ノルウェーでは回答者自身の学歴や職業以上に世帯収入の高さ、父親の学歴の高さ、そして親からの経済的援助があることが住宅所有を促す（Gulbrandsen 2004）。西ドイツでは夫の職業、妻の職業、父親の職業、親が住宅を所有しているかどうか、つまり親からの経済的援助があるかどうかが持家取得に影響する。ただし、西ドイツは持家率は低い。また、ホワイトカラーよりも一部のブルーカラーのほうが住宅を所有しやすいなど他の国とは異なる特徴をもつ。これはブルーカラーは土地が安く、親や友人からサポートを受けやすい地方に住むことから説明される（Kurz 2004）。イタリアでは夫婦および親の職業がホワイトカラーであることが持家所有につながる。イタリアでは公的賃貸住宅が減少したため、以前よりもブルーカラーが家を持つようになったが、職業による差は現在でも残っている。農業従事者は住宅を所有しにくい。家族や友人と一緒に住宅を建設する慣習は規制が強化されたために少なくなった（Bernardi and Poggio 2004）。

イギリスでは本人の職業の影響が強く、ブルーカラーよりもホワイトカラーのほうが住宅を所有する確率が高い。これは職業そのものの影響というよりも安定した収入があること、そして本人だけではなくパートナーおよび親の階級の高さ（親の豊かさ）を直接的あるいは間接的に反映しているというのが筆者らの説明である（Ermisch and Halpin 2004）。イギリスと同様、オランダでも収入が高く頭金をためやすいホワイトカラーのほうが持家を所有しやすい。オランダでは中～低所得層は公的賃貸住宅（社会賃貸住宅）に入ることができ、自力で住宅を建設する文化がないことも一因のようだ。父親が自営農であると子どもも持家になりやすい（Mulder 2004）。

フランスでは本人の職業と親のルーツが影響する。本人がホワイトカラーであったり、親がフランス市民権があったりするほうが有利である（Meron and Courgeau 2004）。

それ以外には年齢、出生コーホート（いわゆる世代）、結婚や子どもの有無、居住地が持家取得に影響する。結婚していたり、子どもがいたりすると家を持つ傾向が高い。都市に住んでいると地方に比べて、家を持つことにおいて不利である。そのほかに興味深い知見としては、アメリカやフランスには人種や市民権による違いがあったことである。さらにコーホートの違いがフランスやイタリアにみられたことである。雇用が不安定な若者世代は上の世代に比べて家を持ちにくい。そしてレジームにかかわらず職業は住宅所有に影響することが国際比較で明らかになった。

この国際比較プロジェクトに日本は含まれていないが、住宅所有に関連する先行研究はあるため、その内容を確認しよう。自営業者であれば他の職業に比べて保有する不動産の価値が高い。ただし、夫の職業よりも年収が高いことのほうが不動産価値に影響する（鹿又 2001）。公務員は住宅を取得しやすい（周 2007）。ただし、日本では職業だけではなく企業規模も重要であることを示唆している。歴史的にみても、住宅資金貸付制度や社内預金制度は大企業において順次導入されていった（木本 1995; 大本 1996）。家計の現在所得や金融資産が増加すると住宅の購入時期が早くなる（森泉 2004）。

また、親から相続・生前贈与を受けると子世代の住宅購入が促される（森泉・直井 2006）。それは、頭金の額を増やしたり、頭金を貯蓄する期間を短くしたりするからである（周 2006）。親からの相続・生前贈与は子ども自身の職業よりも保有不動産価値を増やす（鹿又 2001）。

これらの結果を他の国と比べると、日本では住宅所有に対する職業の影響は総じて弱く、親からの相続・生前贈与の効果が大きいといえる。第2章でもみたように複数のレジームが混合する日本はイタリアと同様に家族主義の要素を備えるからであろう。外国にルーツがあるかどうかによる住宅所有の違いは近年日本でも関心が高まっているが、本書ではデータの制約のため分析することができない。他国と同じく、都市部よりも地方のほうが持家率は高いことは公的統計からも確認できる。次の節では、これらの先行研究を踏まえて日本のデータを分析する。

3 分析

3・1 仮説

日本において、賃貸住宅から持家になる要因を明らかにするために次の仮説を立てた。仮説1は社会経済的要因に、仮説2は家族的要因に関するものである。

仮説1（社会経済的要因） 自由主義的レジームおよび保守主義的レジームである日本では、社会経済的要因が持家になる確率に影響する。

仮説1-1 社内持家制度が整備されていたり、住宅ローンを借りやすかったりするため、夫がホワイトカラーであったり、大企業に勤めていると住宅を所有しやすい。

仮説1-2 住宅が職業生活の基盤であるため、自営層は住宅を所有しやすい。

仮説1-3 金融資産（預貯金）や収入が多いほど、住宅を所有しやすい。

仮説1-4 妻の就業は収入や預貯金残高を増やす効果があるため、妻が就業していると住宅を取得しやすい。

仮説2（家族的要因）　南ヨーロッパレジームのように家族主義的なレジームの特徴が強い日本では、家族的要因が住宅を所有する確率に影響する。

仮説2－1　家族からの相続・生前贈与の経験があると、住宅を所有しやすい。

仮説2－2　親と同居していると、住宅を所有しやすい。

3・2　データおよび分析対象

本書第3章と第4章の分析では「消費生活に関するパネル調査」を用いる。この調査は一九九三年から財団法人家計経済研究所が毎年調査を実施してきた。二〇一七年一二月の同財団法人の解散に伴って、二〇一八年からは慶應義塾大学パネルデータ設計・解析センターが調査の企画・実施・運営を担い、二〇二一年（第29回）をもって調査は終了となった。

調査開始当時、日本全国に居住する24～34歳の女性一五〇〇人を層化二段無作為抽出によって選定した。この対象者をコーホートA（一九五九～一九六九年生まれ）と呼ぶ。その後、一九九七年、二〇〇三年、二〇〇八年、二〇一三年と約五年ごとに年齢の切れ目がないように若い対象者を追加し、それぞれコーホートB（一九七〇～一九七三年生まれ）、コーホートC（一九七四～一九七九年生まれ）、コーホートD（一九八〇～一九八四年生まれ）、コーホートE（一九八五～一九八九年生まれ）と呼ぶ（図3－4）。

コーホートを合併した各回の回収数は第1回調査が一五〇〇、第5回調査が一七五五、第11回調査が二一三九、第16回調査が二二八四、第21回調査が二五五〇、第28回調査が一八八五である（表3－1）。

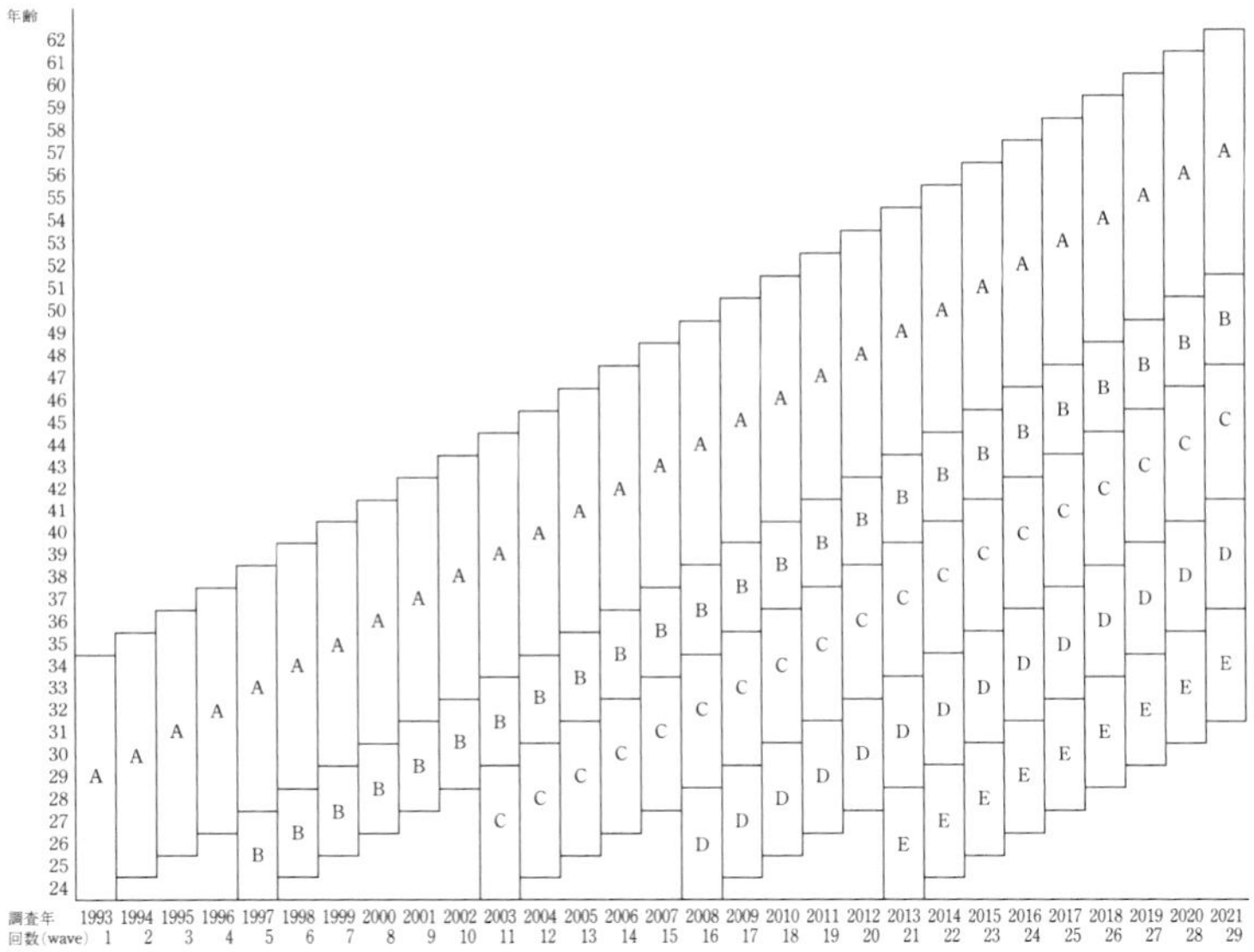

図 3-4　「消費生活に関するパネル調査」のサンプル構成

パネル調査の課題である回収率もおおむね90%を維持してきた[1]。

実査は中央調査社に委託し、毎年九〜一〇月に訪問留置調査方式で行ってきた。調査票は有配偶票・無配偶票・新婚票の3種類を用意し、回答者の自宅訪問時に調査員が最近の状況を聞き取ったうえで、必要な調査票を渡す。

主な調査項目は世帯、家計、就業、生活（世帯変動、生活時間、結婚・出産や親との同居などに関する将来の意向、生活満足度や健康状態などの意識項目）である。これらの基本的な項目は毎年尋ねている。さらに消費税率、民法改正、臨時給付、制度変更があった年は新しい質問を設けて、影響を把握するよう努めてきた。詳細は慶應義塾大学パネルデータ設計・解析センターのウェブサイトを参照されたい。

表 3-1　調査回収数の推移

調査年	回数（wave）	A	B	C	D	E
1993	1	1,500	—	—	—	—
1994	2	1,422	—	—	—	—
1995	3	1,342	—	—	—	—
1996	4	1,297	—	—	—	—
1997	5	1,255	500	—	—	—
1998	6	1,196	442	—	—	—
1999	7	1,137	412	—	—	—
2000	8	1,102	386	—	—	—
2001	9	1,059	366	—	—	—
2002	10	1,032	344	—	—	—
2003	11	980	323	836	—	—
2004	12	944	312	724	—	—
2005	13	904	292	674	—	—
2006	14	875	278	621	—	—
2007	15	847	271	588	—	—
2008	16	828	260	560	636	—
2009	17	799	255	541	573	—
2010	18	778	246	522	543	—
2011	19	765	243	507	509	—
2012	20	750	234	496	486	—
2013	21	735	231	480	456	648
2014	22	704	222	462	436	567
2015	23	676	216	447	418	510
2016	24	654	204	431	401	478
2017	25	638	200	422	383	456
2018	26	614	194	412	373	430
2019	27	597	188	403	359	408
2020	28	581	177	390	343	394

注：「消費生活に関するパネル調査」より筆者計算。

本書では利用権の関係で一九九三～二〇二〇年（wave1～28）のデータを分析する。第3章の分析では全期間・全コーホートではなく、コーホートAの第1回調査（一九九三年）から第14回調査（二〇〇六年）のデータを用いる。分析手法の特性上、おおむね妥当だと判断できたためである。

分析対象は有配偶者（既婚者）のみとし、未婚者や離死別者は除いた。未婚者は親名義の持家に親と同居していることが多いからである。離死別者は少数であるため除いた。未婚者が結婚したあとは分析対象に含めたが、配偶者と離婚したり、死別したり、再婚した場合は除いた。

3・3　分析手法

先行研究にならって、イベントヒストリー分析の離散時間ロジットモデルを用いた。イベントヒストリー分析とは結婚、離婚、出生、死亡、就職、転職などさまざまなライフイベントの発生（ある状態から別の状態への移行）を分析するために広く用いられてきた。つまり、ライフコースにおける役割移行のタイミングとタイミングに影響する要因を分析する手法である。そのメリットは、打ち切りを考慮した適切な推定ができる点にある。打ち切りとは分析対象期間中に住宅を取得しなかったり、取得しないまま調査対象外になったりすること（脱落）を指す。

イベントヒストリー分析にはいくつかのバリエーションがあるが、離散時間モデルを選択した理由は「消費生活に関するパネル調査」の実施が年に1回であり、調査から次の調査までの間隔が広いためである。さらに賃貸から持家になるというイベントが同時に発生するケースが多い時に別のモデルを用いると推定にバイアスが生じるからである（Allison 1984; Yamaguchi 1991）。さらに、本章の付録で後述するパーソンピリオドデータを作成すれば、簡単に分析できることも強みである。

3・4　分析に用いる変数

従属変数は調査対象者が調査時点で住んでいる住居が持家かどうかである（持家＝1、賃貸住宅＝0）。調査対象である既婚女性自身に土地・建物の持ち分がなくても、夫や親に持ち分があれば持家とみなす。この定義は「住宅・土地統計調査」や多くの社会調査でも採用されている。建物も敷地も自己所有である一戸建、敷地が区分所有の分譲マンション、敷地は借地である場合も持家とみなす。購入したかどうかは区別しなかった。

独立変数には夫の社会経済的状況に関する変数を主に用いる。日本の福祉レジームは保守主義、または男性稼ぎ主モデルであるため、妻の社会経済的状況よりも夫の社会経済的状況を用いるほうがモデルの説明力が高いと予想したからである。

社会経済的状況を表す変数のうち、家計の状況を表す変数として世帯の預貯金残高と世帯収入を用いた[2]。夫の職業は企業規模を考慮したダミー変数である。基準カテゴリーは中小企業に勤める技能・作業職である。そして、自営業者・家族従業者（9人以下の農林漁業・商工業など）、専門技術職（開業医、弁護士などの自由業も含む）、管理・事務職大企業（雇用者100人以上、官公庁を含む）、管理職・事務職中小企業（雇用者100人未満）、販売・サービス職大企業、販売・サービス職中小企業、技能・作業職大企業についてそれぞれ当てはまる場合は1、当てはまらない場合は0を取るダミー変数を作成した。一般的な大企業／中小企業の基準とはややずれるかもしれないが、回答者の夫が務める企業の状況をみなから分類した。

妻の就業ありダミー変数は有職の場合＝1、無職の場合＝0の値をとる。学歴は夫および夫の親のそれぞれについて中学校卒＝9、高等学校卒＝12、短大・高専卒＝14、大学・大学院卒＝16と割り当てた。中退も卒業と同じとみなしている。

家族に関する変数は子どもありダミー変数（子どもあり＝1、なし＝0）、親との同居ありダミー変数（同居＝1、別居＝0）、親からの相続・生前贈与経験ありダミー変数（経験あり＝1、経験なし＝0）である。親との同居については同じ建物に住んでいるだけではなく、同一敷地内で親子が別の建物に住んでいる場合も同居とみなした。相続・生前贈与経験ありダミー変数は金額の多少や理由にかかわらず、これまでに夫または妻の親から金融資産または実物資産を受け取っていればあり、まったく受け取っていなければなしとした。

コントロール変数である夫の年齢については夫の年齢と年齢の2乗項を用いた。2乗項を用いる理由は、住宅取得は20歳代のうちは少なく30歳代後半に上昇し、その後は落ち着くことが「住宅・土地統計調査」から確認できるからである。夫の出生コーホートは一九六〇～六四年生まれを基準カテゴリーとし、一九五四年以前、一九五五～五九年、一九六四年以降生まれのダミー変数を作成した。居住地は、国土交通省の分類や通勤圏も考慮して三大都市圏（首都圏［茨城県、埼玉県、千葉県、東京都、神奈川県］、中部圏［岐阜県、静岡県、愛知県、三重県］、近畿圏［滋賀県、京都府、大阪府、兵庫県、奈良県］）を1、それ以外の県を0とした。

独立変数と従属変数の因果関係を考えて、一部の説明変数は1時点前の値を用いている。したがって、

第1回調査で住宅を取得している人は分析対象外になる。分析期間中に住宅を2回以上取得したり、買い替えたりしたケースも少ないため分析から除いた。

3・5　分析結果

分析結果を表3‐2に示す。この表を読み解くポイントは独立変数が従属変数に及ぼす影響の方向と各独立変数の検定結果（統計的に有意であるかどうかとその有意水準）である[3]。係数の符号がプラスならばその独立変数は持家取得を促し、マイナスならば持家取得を抑制する。

独立変数のうち統計的に有意な変数は預貯金残高、（一部の）夫の職業、親との同居、親からの相続・生前贈与経験であった。世帯収入、妻の就業、子どもの有無、夫の年齢、出生コーホート、夫や親の学歴、居住地の都市規模はいずれも統計的に有意ではなかった。預貯金残高が有意な正の効果を持つ理由は住宅の購入には多額の頭金が必要だからである。夫の職業については基準カテゴリーである技能・作業職中小企業との比較であることを念頭におきながらみていくと、プラスなのは自営・家族従業者、専門技術職（統計的に有意）、管理・事務職大企業などホワイトカラーが多いが、技能・作業職大企業というブルーカラーもプラスである。一方、マイナスなのは管理・事務職中小企業、販売・サービス職大企業（統計的に有意）であった。つまり、ホワイトカラー・ブルーカラーという職業だけではなく、勤務先の企業規模との組み合わせが持家取得に効果を持つ。ただし、夫の職業に関する変数は統計的に有意ではないものが多く、有意であっても10％水準にすぎない。

本章の第2節で触れた海外の先行研究では職業の違いが持家取得に及ぼす影響をブルーカラーの失業

表 3-2　賃貸から持家になる規定要因

		係数	
世帯の預貯金残高（100 万円・$t-1$ 年）		0.088	***
世帯収入（100 万円・$t-1$ 年）		0.031	
夫の職業（$t-1$ 年）	自営業者・家族従業者	0.087	
	専門技術職	0.467	+
	管理・事務職大企業	0.410	
	管理・事務職中小企業	−0.136	
	販売・サービス職大企業	−0.427	
	販売・サービス職中小企業	−0.768	+
	技能・作業職大企業	0.095	
	技能・作業職中小企業（基準）	—	
妻の就業あり（$t-1$ 年）		−0.060	
子どもあり（$t-1$ 年）		0.312	
親との同居あり（t 年）		2.928	***
親からの相続・贈与経験あり（$t-1$ 年）		0.543	**
定数		−4.471	
パーソンピリオド数		2405	
ケース数		512	
尤度比検定（カイ二乗値／自由度）		185.81/19	***
擬似決定係数		0.13	

注：「消費生活に関するパネル調査」より筆者計算。
夫の年齢と夫の年齢の 2 乗，出生コーホート，居住地ダミー（いずれも t 年）は省略。
有意水準　***0.1%，**1%，*5%，+10%

リスクの高さによって説明していたが、そのようなメカニズムは日本では当てはまらないようだ。日本ではむしろ企業規模のほうが雇用の安定と持家取得につながると考えたほうが妥当であろう。それゆえ、大企業に勤務するホワイトカラーは持家取得においていっそう有利である。一方、大企業であっても販売・サービス職が不利であるのは、成果給が含まれるために年によって収入に変動があるためではないか。金融機関のウェブサイトをみると給料が年俸制であったり、歩合給が含まれたりする場合には住宅ローンの審査にあたって直近一年分ではなく直近二年分の源泉徴収票を求められる場合もあるようだ。

ここでの分析結果を鹿又（2001）と比べると職業の効果が弱いことは共通するが、自営業であることや収入の効果がなかったことは異なる。これは従属変数や職業の分類方法が鹿又と本書では異なるためである。また、預貯金残高が持家取得を促すことは日本の先行研究と同様の結果である。妻の就業は有意ではなかった。住宅取得の一～三年前には妻の半数以上は就業しているが（村上 2007）、妻の就業は夫に比べて補助的で収入も低いため、住宅所有に影響しないのであろう。

家族的要因について係数が大きくかつ統計的に有意であるのは親との同居と親からの相続・生前贈与経験である。本章では親名義の住宅に同居していても持家とみなしたため、親との同居の効果が極めて大きい。親子が同居するためには広い住宅が必要であり、たいてい持家になるからである。親からの相続・生前贈与があれば住宅を所有しやすいことも先行研究と同じである。実際には、住宅を購入すると決めたので親から生前贈与を受けて頭金に充てたのだろう。子どもがいると持家を取得しやすくなるが、統計的には有意ではなかった。子どもの有無よりも子どもの年齢や人数のほうが持家取得に影響するのかもしれない。

分析結果をまとめると、仮説1－1（ホワイトカラー・大企業）はおおむね予想通りで、夫がホワイトカラーであるか大企業に勤めていると住宅を所有しやすい。一方、仮説1－2（自営業）は予想通りにはならなかった。自営業が住宅を所有しやすいという傾向はない。仮説1－3（収入・預貯金残高）は一部予想通りになった。収入は住宅所有に効果がなかったが、預貯金残高が多いほど住宅を所有しやすいことは予想通りである。仮説1－4（妻の就業）も予想通りではなかった。妻の就業の有無は住宅所有には影響しない。仮説2－1（親からの相続・生前贈与）も仮説2－2（親と同居）も予想通りであり、親からの相続・生前贈与があったり、親と同居していると住宅を所有しやすい。

4　まとめ――持家取得に至る二つのルート

本章では第2章で検討したハウジング・レジーム論と福祉レジーム論を参照して既婚者の住宅所有を促す要因を分析した。その結果、日本で住宅を所有するには社会経済的要因と家族的要因の二つのルートがあることがわかった。この事実は第2章でみたように日本の福祉レジームは自由主義的レジーム・保守主義的レジームと家族主義的レジームの混合であることを反映している。

社会経済的要因のうち夫の職業についてはホワイトカラーはブルーカラーよりも有利である。ただし、日本では夫の勤務先の企業規模も重要である。勤務先の企業規模の大きさが雇用の安定につながっており、住宅ローンを借りやすくさせる。したがって、大企業に勤めていればブルーカラーであることの不利がカバーできるが、中小企業に勤めるブルーカラーは不利さが重なる。逆に、大企業勤務のホワイトカラーは有利さが増すが、全体として職業の効果は限定的であった。その理由としては住宅所有を購入に限定しなかったためであろう。限定しなかった理由は既婚成人子と親との同居による持家所有も含めたほうが日本の現状を考えると適切だと考えたためである。[4] さらに夫の職業による違いはたとえば居住面積や職場からの近さ、一戸建とマンションの違い、あるいは居住地域などの違いに現れている可能性が高い。

妻の就業が持家取得に効果がなかった理由は、妻の収入が低いためであろう。その結果、日本では夫婦が共同で住宅ローンを組むことが少なく、女性は持ち分を持たない。日本の住宅ローン審査では借り手の返済能力が重要だからである。この点は終章で改めて論じたい。

家族的要因とは親との同居や親からの相続・生前贈与によって住宅を所有するルートである。家族的要因のほうが社会経済的要因よりも持家取得に及ぼす影響が大きい点は重要である。なぜなら、子どもは親を選べないからである。

そこで、第4章では親からの相続・生前贈与の実態とそのメカニズムについて分析し、持家取得に至る二つのルートと住宅所有の不平等の関係、住宅とケアの関係を考える手がかりを得たい。

注

（1）同調査のコーホートAについてMAXQDAを用いて調査から脱落する理由とその推移を分析したところ、詳細な事情が分からない「拒否」、「多忙」、「（長期）不在」「転居先不明」が多かった。ついで数としては多くはないが、ライフイベントも調査から脱落する要因である。調査の初期では「結婚」や「妊娠・出産」が多いが、次第に「病気・体調不良・入院」や「死亡」が増える。「家族の病気・体調不良・入院・介護・死亡」はいったん減少して再び増加していた。これらの変化は対象者の加齢を反映している。調査の継続に伴って脱落理由が多様化する傾向もあった（村上 2017）。調査の実施にあたっては脱落を防ぐ対策が求められるが、現実的には難しい。一般的には対象者を入れ替えたり（パネルローテーション）新しい対象者を追加したりする。その他、ウェイトをかけて補正する方法もある（坂本 2006; 福田 2009）。

（2）いずれも平均＋3標準偏差より大きい値を外れ値として除き、消費者物価総合指数で実質化した。

（3）このような分析ではオッズ比も併せて示すことが一般的だが、分析結果を直感的に理解しやすいよう、回帰係数を示した。

（4）なお、親との同居は非大都市圏のほうが多い。また、社会経済的状況が厳しい場合は親との同居によって持家を取得すると考えて追加分析を行ったが、表3-2の結果を変えるものではなかった。

付録　分析手法について

ここでは本章で用いた分析手法について簡単に説明する。イベントヒストリー分析の離散時間ロジットモデルにおける従属変数はハザード率である。ハザード率とはある時点でリスクに晒されている対象（リスクセット）、すなわちそれまでに住宅取得というライフイベントが発生しなかった対象にある時点でイベントが発生する確率と定義できる。持家を取得すればリスクセットから除外され、分析対象ではなくなる。

ハザード率は調査時点によって異なるが、各時点のハザード率はすべての対象に共通すると仮定する。すると、ハザード率はある時点で発生したイベント数の合計をリスクに晒されている対象の数で割ることによって得られる。t 時点でリスクに晒されている対象にイベントが起こる確率、つまりハザード（率）を $P(t)$ とし、独立変数のうち時間によって値が変わらない変数を x_1、時間によって値が変わる変数を $x_2(t)$ としたものが(1)式である

$$P(t) = a + b_1x_1 + b_2x_2(t) \qquad (1)$$

$P(t)$ が0から1の範囲におさまるように対数変換し、

$$\log(P(t)/1 - P(t)) = a + b_1x_1 + b_2x_2(t) \qquad (2)$$

(2)式のように表す。係数b_1およびb_2はそれぞれx_1およびx_2が一単位増加したときの従属変数（対数オッズ）の変化を表す（Allison 1984）。なお、オッズとはある事象（ここでは持家取得）が起こる度数とそれが起こらない度数の比である。

イベントヒストリー分析を行うためにはパーソンピリオドデータを用意する必要がある。まず、毎年収集したパネルデータを年齢の経過に沿って整理すると表3－3のようになる。これをワイド形式と呼ぶ。ここから表3－4のようなロング形式のデータを作る。データには、各調査年において持家取得（イベント）の有無を表す従属変数と独立変数（例：年齢、夫の職業、預貯金残高、収入、妻の就業、相続・生前贈与経験の有無、親との同居の有無など）が含まれる。データセット中の1レコードがある対象者のある調査年のデータをあらわす。住宅を取得するか調査から脱落するか調査が終わるまで、同一対象の情報がデータセットに含まれる。ただし、時間依存共変量の値は調査年によって異なりうる。たとえば、id=1（第1回調査時24歳）の場合、14年間賃貸住宅のままであり、調査からの脱落もないので、14レコードがデータセットに含まれる。id=2（同26歳）では第3回調査時までに持家を取得したため、次回以後のレコードは分析から除く。持家の取得後、なんらかの事情で賃貸住宅に住むようになった場合でも以後の分析対象にはならない。id=3（同30歳）については第4回調査時まで賃貸住宅に住み続け、第5回の調査から脱落したので第4回までのレコードが分析に含まれる。

表 3-3　住宅の所有関係の変遷（仮想例・ワイド形式）

	24歳	25歳	26歳	27歳	28歳	29歳	30歳	31歳	32歳	33歳	34歳	35歳	36歳	37歳	38歳	39歳	40歳
id＝1（初回 24 歳）	賃貸	賃貸	賃貸	賃貸	賃貸	賃貸	賃貸	賃貸	賃貸	賃貸	賃貸	賃貸	賃貸	賃貸			
id＝2（初回 26 歳）			賃貸	賃貸	持家	持家	持家	持家	持家	持家	持家	持家	持家	持家	持家	持家	
id＝3（初回 30 歳）							賃貸	賃貸	賃貸	賃貸	脱落	脱落	脱落	脱落	脱落	脱落	脱落

表 3-4　住宅の所有関係の変遷（仮想例・ロング形式・パーソンピリオドデータ）

id	tenure	age
1	賃貸	24
1	賃貸	25
1	賃貸	26
1	賃貸	27
1	賃貸	28
1	賃貸	29
1	賃貸	30
1	賃貸	31
1	賃貸	32
1	賃貸	33
1	賃貸	34
1	賃貸	35
1	賃貸	36
1	賃貸	37
2	賃貸	26
2	賃貸	27
2	持家	28
3	賃貸	30
3	賃貸	31
3	賃貸	32
3	賃貸	33

第4章　誰が親から経済的援助を受けるのか

1　はじめに

第3章では親から相続・生前贈与を受けることが、子どもの持家取得の大きなきっかけであることがわかった。人びとは自助努力に加え、家族や勤務先をも一種の資源として活用して持家取得し、ライフコース上のリスクに備える日本社会のあり方を反映している。

相続・生前贈与は親から子どもに対する経済的援助の一つである。いわゆる遺産相続は親の死亡がきっかけとなるので、父親・母親それぞれについて一度ずつ発生する。遺産の配分方法は法律で定められており、子どもたちは誰がどのくらい遺産を相続したかがわかる。これに対して、生前贈与とは祖父母あるいは父母が生きている間に子どもや孫に経済的な援助をすることである。遺産相続に比べると生前贈与を受け取る頻度は多いかもしれないが、受け取る金額は少ない。他方、お小遣いや生活費などの日常的な経済的援助に比べると生前贈与を受け取る頻度は少ないが、受け取る金額は大きい。生前贈与は何回でもできる。そして遺産相続とは異なり、他の子どもたちに知られずに親が援助をすることもできる。生前贈与は渡す回数、金額やタイミングなど渡す側の意思が反映されやすいため、家族の価値観や行動を理解するうえで興味深い。

まず、生前贈与に関する制度を簡単に確認しよう。国税庁のウェブサイトによれば、贈与税の課税方法には「暦年課税」と「相続時精算課税」の二つがある。暦年課税はしばしば暦年贈与といわれる。贈与税は一人の人が一月一日から一二月三一日までに贈与を受けた財産の合計額から基礎控除額を差し引いた残りの額に対してかかる。つまり、一年間に贈与をされた合計金額が基礎控除額以下なら申告は不要で贈与税はかからない。かつては60万円だった基礎控除額は、二〇〇一（平成一三）年に110万円に引き上げられた。相続時精算課税とは60歳以上の父母または祖父母から、18歳以上の子または孫への贈与についてのみ対象であり、一年間に贈与を受けた財産合計額から2500万円の特別控除額を控除した残額に対して贈与税がかかるというものであり、二〇〇三（平成一五）年に創設された。

住宅所有に関しては、祖父母・父母からの住宅資金の援助に関する住宅資金贈与制度は一九八四（昭和五九）年に創設されたが、二〇一〇年に非課税枠が大幅に拡大された。この背景には経済対策の一環として住宅投資を促す目的があった。非課税限度額はその後拡大されたり縮小されたり、また新築住宅だけではなく中古住宅にも適用されるようになった。環境に優しい住宅に対しては非課税限度額が高くなるなど頻繁に制度が改正されながらも現在でも続いている。

このような税制改正には新築住宅の建設を通じて景気を刺激しようとする開発主義とそれを祖父母―親―子といった縦のラインを通じて実現しようとする家族主義がみられる。とくに相続時精算課税は高齢者から若年層への財産の移転を促すことで消費を活性化させるねらいがあった。一見すると世代間の経済的不平等が緩和されるようだが、実態としては祖父母・親から子どもまたは孫への私的な経済的援助であるので、家族間の格差を固定化するものだという批判があった。住宅資金贈与制度も同様に家族間の格差を固定化しうる。

しかし、人びとにとっては税金が軽減されるならば利用しない選択肢はない。不動産流通経営協会（2022）の調査によれば、住宅購入者全体の14・2％、30歳代の20％強が親からの贈与を受けていた。子どもが受け取った額は新築住宅購入者で998万円、中古住宅購入者で662万円とのことだが、これは平均値なので多くの人が実際に受け取った金額よりは高めの数値であることに注意が必要である。贈与を受けた対象者の8割近くが前述した「直系尊属の住宅取得等資金に係る贈与税の非課税制度」を活用していたという。

このような現状を踏まえながら、本章ではどのくらいの人が親から生前贈与を受け取っているのか、頻度と金額はどのくらいか、さらに、夫および妻がそれぞれの親から生前贈与を受けることには関連があるのかどうか、生前贈与を受け取るかどうかにはどのような要因が影響するのかを明らかにすることで、親から子どもへの生前贈与の実態とメカニズムを明らかにする。ただし、生前贈与の定義は調査の回答者に任されている。また、本文では生前贈与と経済的援助という表現を互換的に用いる。

2　福祉レジームと親から子への経済的援助

住宅、農地や山林、墓など前の世代から引き継いだ資産を次の世代へと引き継ぐことは家系をつなぐための重要な実践である。しかし、かつてはこのような機会は資産があるごく一部の階層・階級の人びとに限られていた。

戦後、社会が豊かになり、産業構造が第1次産業から第2・第3次産業へと変わり、農地や山林だけではなく、住宅、預貯金、株式・債券、生命保険、会員権、貴金属・絵画などの財産を持つ人が増えた。年金などの社会保障も充実するようになった。このように親（祖父母を含む）から子どもに対して経済的援助ができる条件が整ったため、若い世代のほうがそれ以前の世代よりも親から経済的援助を受けやすくなった（三谷・盛山 1985; Szydlik 2004）。現代では以前に比べると財産の継承を通じて家系をつなぐ重要性は減少しているが、親からの経済的援助は子どもの生活にとって重要である。

2・1　海外の場合

親から子どもに対する経済的援助に福祉レジームの影響はあるのだろうか。この問いは海外でも関心が持たれてきた。自由主義的レジームのアメリカでは親が大卒以上でホワイトカラーの仕事に就いていたり、中程度の所得があったりすると、親は子どもに経済的援助をする。親子関係が緊密な場合に限らず疎遠であっても親は子どもに援助をすることがある（Harootyan and Vorek 1994）。どちらかというと親の裁量が大きいようだ。

これに対して保守主義的レジームであるドイツでは収入や資産が少なかったり、失業中・在学中であったり、結婚あるいは離婚したりするなど子ども側の経済的ニーズが高いほど親から援助を受けやすい。ただし、そのためには親が経済的に豊かであることが前提であり、経済的に豊かな親は子どもに援助ができる（Kohli 1999; Leopold and Schneider 2011）。このような傾向は家族が主な福祉の担い手である保守主義らしい。なお、旧東ドイツ出身者は旧西ドイツ出身者に比べると親からの経済的援助を受けにくいという事実は歴史的に興味深い（Szydlik 2004）。そのほか、子どもの性別による受け取り経験の差についてはあるという結果とないという結果が混在している（Szydlik 2004）。さらに興味深いのは、親にとって孫（子どもにとっての子ども）がいれば子どもは生前贈与を受け取りやすいが、親にとっての子ども（子どもにとってはきょうだい）の人数が多ければ生前贈与を受け取る確率や金額は低くなるという違いである。これは孫は家系をつなぐ存在だが、きょうだいは親の資源をめぐって競合するためと説明されるが（Szydlik 2004）、孫の有無は経済的ニーズの高さを表しているとも理解できる。

家族主義的レジーム（南ヨーロッパレジーム）のイタリアではカップルの20％近くが住宅取得時に親から援助を受けるが、援助をしてくれた親の近くに子どもは住むようになる（Tomassini et al. 2003）。社会民主主義的レジームのノルウェーでは、社会階層が高いほうが援助を受け取りやすくかつ与えやすい。また、未婚者では女性のほうが男性よりも親から経済的援助を受けやすい（Fritzell and Lennartsson 2005）。

これらの結果をまとめると、おおむね親の経済的豊かさと子どもの経済的ニーズの高さが重要な要因といえる。ヨーロッパの複数の国々を対象とした研究でも親の経済的豊かさや子どもの経済的ニーズの高さ、親子関係が密接であること（あるいは継親ではないこと）が繰り返し確認されている（Brandt and Deindl 2013; König et al. 2020; Schenk et al. 2010）。子どもの性別が女性であるほうが援助を受けやすいとの結果は、女性のほうが男性よりも経済的ニーズが高いためと解釈できる。各国の福祉レジームの違いを考慮した国際比較研究によれば、南欧諸国では親から子への生前贈与の頻度は低いもの、1回あたりの金額が大きい。これは北欧諸国とは対照的であり、それ以外の国々は両者の中間に位置していることから、生前贈与のパターンは福祉レジームに対応していると主張するものもある（Albertini et al. 2007; Albertini and Kohli 2013）。これに対して、同じデータを異なる操作化と手法で分析したシェンクら（Schenk et al. 2010）は、援助パターンは国によって大きな違いがあり、その違いはかならずしも福祉レジームに対応していないと述べる。福祉レジームあるいは国による援助パターンの違いは贈与税制に関連していると考えられるが、これらの先行研究では税制についてはとくには言及されていなかった。

2・2　日本の場合

日本でも親が経済的に豊かであったり、子どもの経済的ニーズがあったりすることが生前贈与にとってキーとなる。子どもの経済的ニーズを具体的に挙げるならば、収入や資産が少なかったり、金融機関から借り入れができなかったり、逆に借り入れがあったり、失業中・在学中であったり、結婚したり住宅を取得したりなどである。ただし、日本では子どもの離婚と親からの援助には関連がなかった（濱秋2020; 周 2006, 2007; 三谷・盛山 1985; 大熊・野田 1991; 白波瀬 2000; 田渕 2008）。

親から子どもに資産を継承する際に長男が優先される慣習は日本に限ったことではないが（Bourdieu 2002=2007）、日本では子どもの性別やきょうだい順位が生前贈与に影響する傾向が強かった。たとえば、結婚費用を援助する頻度には息子と娘では違いはないが、土地・住宅購入の援助頻度は息子へのほうが娘へのほうを上回る（三谷・盛山 1985）。あるいは少額の援助や育児サポートは娘に提供するが、住宅は息子に継承したりする（Izuhara 2009）。あとつぎが親の家、農地・山林、墓地など家族の資産を継承するかわりに、非あとつぎは住宅の新築や取得に際して援助を受ける（大熊・野田 1991）。このようにきょうだい間で差をつけるのは、あとつぎである長男は家族の資産を受け取る代わりに親の老後の世話をする役割が与えられてきたからであろう。旧民法下での家督相続の仕組みは戦後には変わったが、人びとの意識や行動は簡単には変わらない。

しかし、現在では地方から大都市への人口移動は落ち着き、さらにいえば子ども（子どもにとってのきょうだい）の人数も減少した。子どもの人数が減少すれば、女性だけのきょうだいも増える。働き方も変化し、子どもに引き継ぐ農地や山林、家業そのものが減りつつある。そのため、現在では長男であるかどうかと親からの経済的援助との関連が弱くなっている可能性がある。

3　分析――親から子への生前贈与の実態

前節で検討した先行研究を参考に、日本における親から子への生前贈与の実態と規定要因を分析する。分析に用いるデータについては第3章を参照されたい。

図4‐1に親から子ども（回答者）への生前贈与（金融資産）の受領経験と金額を示した[1]。質問文は3・2項に示す。複数年の結果をまとめたのは回答者のプライバシーを守るためであり、第10回までと第11回以降の2種類の集計があるのは質問文が異なるためである。

生前贈与の受領経験は5％以下と少ない[2]。全体としては妻の親からよりも夫の親からの受領経験のほ

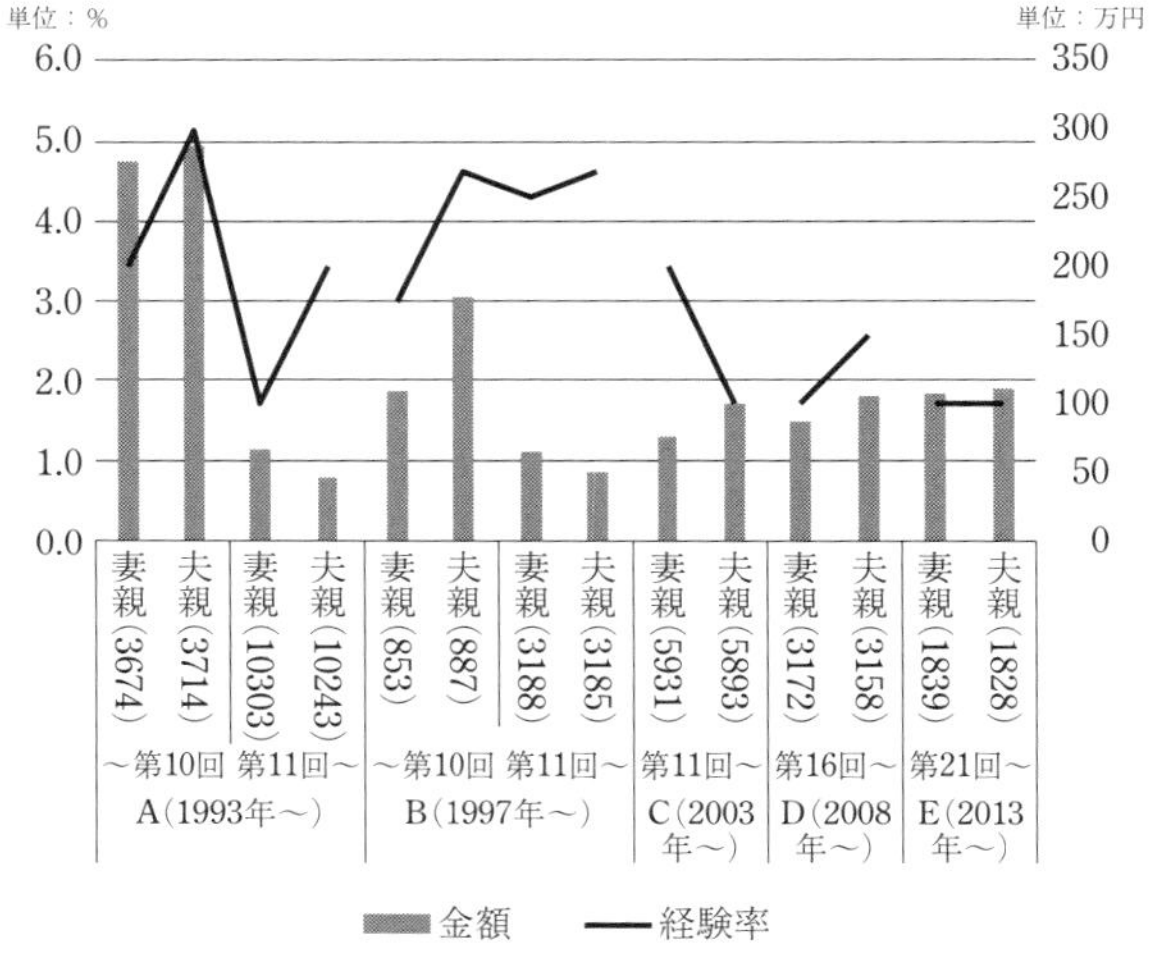

図 4-1　生前贈与の受領経験率と金額（中央値）

注：「消費生活に関するパネル調査」より筆者計算。カッコ内の数字はケース数。

うが若干多い。そして妻の親からの金額よりも夫の親からの金額のほうが多い傾向がある。なお、実物資産は受領経験が少ないが、1回あたりの金額は大きい（図表は省略した）。

図4－2は妻の親からの受領経験と夫の親からの受領経験の関連を示したものである。妻の親から生前贈与を受けとった経験がある回答者の4割～5割が夫の親からも受けとっており（グラフのグレーの棒）、すべてのコーホートについて0．1％水準で統計的に有意な正の関連がみられた。

なお「消費生活に関するパネル調査」では、在学中の生活、結婚費用、住宅取得・増改築時の親からの援助についても尋ねている。手短に紹介すると在学中は8割近くが親に経済的に依存していた。結婚費用は5割前後が妻の親あるいは夫の親からの援助を受けていた。金額は妻の親からのほうが夫の親からのそれを上回るか

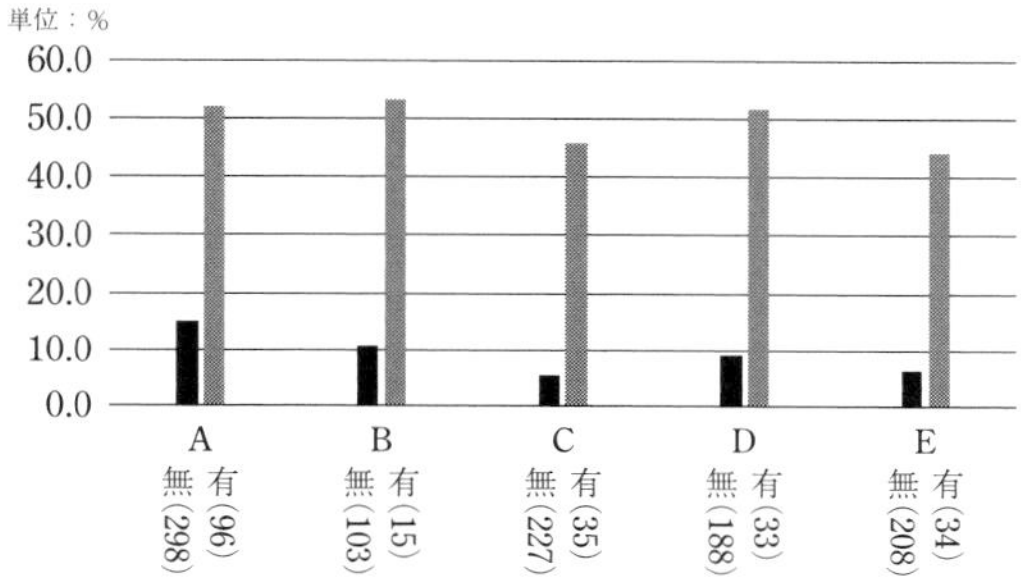

図 4-2　妻の親からの生前贈与受領経験の有無別にみた夫の親からの受領経験ありの割合

注：「消費生活に関するパネル調査」より筆者計算。カッコ内の数字はケース数。

ほぼ同額であった。ただし、若いコーホートほど結婚時の親からの援助が減少しつつある。それは昭和・平成のように多数の招待客を招いた豪華な結婚式をしなくなり、夫婦の結婚年齢が高くなったためではないか。住宅取得・増改築のために親から援助を受けたのは5割未満である。夫の親からの援助のほうが妻の親からの援助にくらべて割合や金額を大きく上回るが、調査の後期になるほど妻の親からの援助が増える。そのうえ、若いコーホートになるほど妻の親からの援助が増える。これは若いコーホートほど妻が働いており、仕事と子育ての両立をはかるために妻の親の近くに住むようになっているからのようだ。

3・1　仮説

先行研究を踏まえて、次の仮説を立てた。仮説1は親側の要因に、仮説2は子ども側の要因に注目したものである。仮説2のうち、仮説2－2と2－3は伝統的な家族規範の影響に注目したものである。なお、個人内の変化と個人間の違いを区別する分析手法を用いるため、それに対応する仮説とした。

仮説1　親が経済的に豊かであれば、子どもが生前贈与を受け取りやすい。

仮説1′　親が経済的に豊かになれば、子どもが生前贈与を受け取りやすい。

仮説2

仮説2－1　子どもの経済的ニーズが高ければ、子どもが生前贈与を受け取りやすい。

仮説2－1′　子どもの経済的ニーズが高くなれば、子どもが生前贈与を受け取りやすい。

仮説2－2　夫が長男あるいは妻が姉妹だけの長女であれば、生前贈与を受け取りやすい。

仮説2－3　子どもの人数（親にとっての孫の人数）が多ければ、生前贈与を受け取りやすい。

仮説2－3′　子どもの人数（親にとっての孫の人数）が増えれば、生前贈与を受け取りやすい。

3・2　データおよび分析対象

前章に続いて「消費生活に関するパネル調査」を用いる。なお、調査の途中で質問文が変更になったため、この節の分析では二〇〇三年（第11回）から二〇一〇年（第28回）までのデータを用い、かつコーホートA・B・C・D・Eのデータを合算して用いる。第11回以降の質問文は「あなた方ご夫婦は、あなたの親からこの一年間に金融資産や実物資産をもらったことがありますか。もらった場合はその価値をご記入下さい」、「あなた方ご夫婦は、ご主人の親からこの一年間に金融資産や実物資産をもらったことがありますか。もらった場合はその価値をご記入下さい」と尋ね、金融資産と実物資産のそれぞれについてその現在価値を自由回答方式で尋ねている。

自分の父親か母親のどちらかが生存している場合、あるいは夫の父か母のどちらかが生存している場合が分析対象となる。データセットは毎年の各個人のデータを縦に結合したロング形式のデータである。

3・3　分析手法

ここではハイブリッドモデルを用いる。これはパネルデータの分析で一般的に用いられる固定効果モデル・変量効果モデルを発展させたものであり、近年は社会学での適用例が増えている（石川 2022; 石田 2020; 藤原 2015; 中西 2017; 三輪・山本 2012 など）。分析手法の詳細は付録参照。

3・4　分析に用いる変数

従属変数は妻の親および夫の親からの生前贈与の有無である。金融資産あるいは実物資産のどちらかを受け取った場合は1、どちらも受け取っていない場合は0としたダミー変数になる。

独立変数は次のとおりである。仮説1で検討する親の経済状況については親の資産（預貯金・住宅）について十分な情報が得られないため、親の過去一年間の税込み収入を用いる。回答者はあらかじめ用意された249万円以下、250〜499万円、500〜749万円、750〜999万円、1000〜1249万円、1250〜1499万円、1500万円以上の選択肢のなかから当てはまる回答を選ぶが、分析するためには各選択肢の中央値を割り当てたのちに0・5を足して対数変換することで外れ値の影響を小さくした。仮説2－1および仮説2－1′で検討する子ども側の経済的ニーズについては3つの変数を用意した。まず、夫の過去一年間の年収については自由回答方式で尋ねた値に0・5を足して対数変換した。住宅ローンは借り入れがある場合に1、ない場合は0を取る住宅ローンありダミー変数を用いる。家族イベントは就職、転勤や単身赴任、転職、退職、失業、倒産・破産、病気、精神的な問題や登校拒否、消費者トラブル、事故や災害、受験や入学、子どもの誕生、その他があった場合には1、なかった場合に0を取るダミー変数である。

仮説2－2に対応するのは、回答者本人が女性のみのきょうだいで一番年上であるなら長女ダミー変数を用意した。回答者の夫が長男である場合は、夫長男ダミー変数になる。長男・長女である場合は1、そうでない場合には0の値を取る。きょうだい構成は調査開始あるいは結婚1年目の設問を参照している。したがって、調査開始後のきょうだいの死亡は反映できない。

仮説2－3および仮説2－3′で検討する子ども人数は対象者の子どもの人数である（別居子を含む）。回答者の親にとっては孫にあたる。孫の人数は経済的ニーズの高さだけではなく、家系の存続を表す。

その他には先行研究にならって夫の職業も考慮した。農林漁業の自営業者または家族従業者、小規模（9人以下）の商業・工業・サービス業の自営業者または家族従業者、自由業に該当する場合1、それ以外の場合に0を取るダミー変数を作成した。夫が無職のケースは極めて少ないので分析から除いている。親同居ありダミー変数は親と同居している場合は1、別居の場合は0となる。親と子の住まいがどれくらい離れているかは先行研究では重要な要因であったが、データの制約のために断念した。親子関係の良好度も同様の理由から分析には含めていない(3)。コントロール変数として居住地の都市規模（1＝町村、

2＝その他の市、3＝政令指定都市）を追加した。

以上の独立変数のうち、長女・長男ダミー変数以外は調査年によって値が変わりうる。このような変数については各個人・各時点の偏差も求めた。これは付録に示した⑵式の右辺第2項に相当し、個人内の変化を表す。さらに、調査開始時の回答者の年齢と調査時点ダミーをアリソン（Allison 2009）にならって加えている。そのため、夫の年収を消費者物価指数（CPI）で実質化するといった調整はしていない。

3・5　分析結果

妻の親・夫の親からの生前贈与の受け取り経験をそれぞれ分析したが、結果には大きな違いがなかったため、夫の親についての結果のみ示す（表4‐1）。

統計的に有意な効果があった変数は夫親の収入（個人間）、夫の収入（個人間）と住宅ローンありダミー（個人内）、家族イベントありダミー（個人間）、孫の人数（個人間）である。夫の親の収入（個人間）は0・1％水準で有意であり、夫の親の収入が多いと子どもは生前贈与を受け取りやすい。夫の収入の効果は1％水準で有意であり、夫の収入が多いと生前贈与を受け取りやすいといえるが、これは夫の親からの生前贈与が夫の収入として計上されている可能性に注意する必要がある。住宅ローンありダミー（個人内）は0・1％水準で有意な効果があった。住宅ローンを借りるようになると生前贈与を受け取りやすい。ある意味当然の結果だが、住宅購入の際に親が頭金を援助したからであろう。家族イベントを経験した回答者は経験していない回答者に比べて、生前贈与を受領する確率が平均的にみて高い

表 4-1　夫の親から生前贈与を受け取った経験の規定要因

	係数	
夫の親の年収（個人内変化）	0.082	
夫の親の年収（個人間）	0.972	***
夫年収（個人内変化）	0.022	
夫年収（個人間）	0.587	**
住宅ローンあり（0＝なし、1＝あり）（個人内変化）	1.096	***
住宅ローンあり（0＝なし、1＝あり）（個人間）	0.078	
家族イベントあり（0＝なし、1＝あり）（個人内変化）	0.098	
家族イベントあり（0＝なし、1＝あり）（個人間）	2.015	***
子ども（親にとっての孫）の人数（個人内変化）	−0.234	
子ども（親にとっての孫）の人数（個人間）	−0.382	**
夫長男ダミー（0＝非該当、1＝該当）	0.046	
夫自営ダミー（0＝非自営、1＝自営）（個人内変化）	−0.445	
夫自営ダミー（0＝非自営、1＝自営）（個人間）	−0.083	
夫の親との同居（0＝非該当、1＝該当）（個人内変化）	0.628	
夫の親との同居（0＝非該当、1＝該当）（個人間）	−0.103	
定数	−13.213	***
/lnsig2u	0.884	
sigma_u	1.556	
rho	0.424	
観測数	17634	
グループ数	2050	
対数尤度	−1184.782	

注：「消費生活に関するパネル調査」より筆者計算。
年齢と調査年ダミー，都市規模は省略。
有意水準　***0.1%，**1%，*5%，＋10%
検定の結果，rho はゼロではなかった。

（0・1％水準）。親からみた孫の人数は負の効果があり、孫の人数が多いほうがその親である子ども世帯は生前贈与を受けにくい。なお、親との同居も子どもの出生順位（長男であるか）も生前贈与の受け取りには効果はなかった。

本章ではハイブリッドモデル（本章付録を参照）を用いたが、個人内の変化よりも個人間の違いのほうが統計的に有意な変数が多かった。仮説1は予想した通り、親が経済的に豊かであれば子どもが生前贈与を受け取りやすかった。ただし、仮説1′は予想通りではなかった。親が経済的に豊かになれば、子どもが生前贈与を受け取りやすいということはなかった。

仮説2－1の子どもの経済的ニーズが高ければ生前贈与を受け取りやすいかどうかについては、複数の結果が混在している。子どもである夫の年収が高かったり、また、家族に何らかの出来事があった場合は生前贈与を受け取りやすかった。しかし、住宅ローンがあることは統計的に有意ではなかった。仮説2－1′に示した子どもの経済的ニーズの高まりについては、予想通り住宅ローンを組めば生前贈与を受け取りやすい。仮説2－2については、夫が長男であることは生前贈与の受け取りに影響はなかった。これは妻が姉妹だけの長女の場合も同様で、影響はなかった（結果は省略）。子どもの人数（親にとっての孫）の人数は多いほうが生前贈与を受け取りにくかった（仮説2－3）。子どもの人数が増えることも影響がなかった（仮説2－3′）。

結果をまとめると、親が経済的に豊かであると子どもは生前贈与を受け取りやすい。住宅ローンの借り入れ（個人内）や家族イベント（個人間）が親からの生前贈与を引き出すという結果は先行研究と一致する。先行研究と異なる点は親との同居やきょうだい順位の影響がなかったことである。ただし、これらの要因は生前贈与ではなく遺産相続のときに効果を持つと予想できる。子ども（孫）人数の負の効果は、分析に用いた変数同士に関連があるために生じたバイアスの可能性がある。

4　まとめ――変わる親子関係

本章では親から子どもへの経済的援助のうち、比較的金額が多い生前贈与の実態とそのきっかけを分析した。主なきっかけは子どもの住宅購入や家族イベントである。ただし、親にとっては「無い袖は振れない」ので、親に十分な経済力があることも生前贈与の前提となる。これらの要因は福祉レジームにかかわらず多くの国で観察できるが、日本にも当てはまる。

なお、そもそも生前贈与を受け取ったことがあると答えた回答者は少なかった。受け取ったとしても1～2回に留まるが、1回あたりの金額は大きい。これは家族主義が強い国々に共通する。さらに、日本では夫の親から受け取る金額のほうが妻の親から受け取る金額よりも大きい。これは日本が男性稼ぎ主型社会であることを反映している。本章では省略したが、日常的な経済的援助も夫の親からのほうが妻の親からよりも多く、既婚者の家計を支えるのは夫とその親だといえる。そのかわり妻の親は子育てなど非経済的援助を提供しているようであり、伝統的な性別役割分業は親を巻き込むかたちで実践され続けている。

そのほかに重要なことは、きょうだい順位の影響がみられなかったことである。このことについては全国家族調査（ＮＦＲＪ）を分析した大和（2017）も同様の結論を得ており、人びとは父系（息子）や長子を優先するような伝統的規範にとらわれなくなり、家族が平等主義的になっていると解釈する。[4] 考えてみれば、子どもの住宅購入や家族イベントは長男・長女だけに発生するものではない。またかつては長男・長女がまず結婚してから次男次女以下がそれに続くものという規範があった。だからこそ、谷崎潤一郎の『細雪』ではその順番が崩れたことが大きな事件として描かれたし、皇室でも長男よりも次男のほうが早く結婚したことは当時こそ驚きをもって報じられたが、現在ではきょうだい間での結婚の順番はあまり重視されなくなった。また、結婚と妊娠の順番が変わってもあからさまな批判は聞かなくなった。そもそも若者が結婚しなくなった。若者は「やりたいことがあるなら親元にいてもいいと言われた」「結婚しなくても生きていける」「結婚は面倒」としばしば言うが、それは親（または祖父母）が子ども（孫）を経済的に支えられるからである。

親が子どもたちに経済的援助ができるようになったのは、本章の冒頭でも触れたように高度経済成長によって豊かになり、子どもの数（子どもからみたきょうだいの数）が減少したためではないか。子どもからみれば人数が少なく希少な存在になったので、親に対して優位な立場にあるといえる。ジェンダー平等の意識も高まった。このような現代の親子関係・きょうだい関係の特徴は、成員間の「交渉」というレンズで捉えるとよく理解できそうである（Bourdieu 2002=2007; Finch and Mason 1993; Finch et al. 1996; Izuhara 2009; 田渕 2012）。反面、子どもは親に対して妥協もしている（Manzo et al. 2018）。日常的な援助、生前贈与、そして遺産相続などライフコース全体を通じた親子の援助関係の解明はこれからである。

さて本章の冒頭では親から子どもへの生前贈与を促す税制は格差の固定化につながるものとして批判

があると述べた。本章で明らかになったことは、経済的に豊かな親ほど子どもに生前贈与をすることだけではない。妻の親から生前贈与を受け取れば夫の親からも受け取りやすく、その傾向はどのコーホートにも共通していた。格差の問題については終章で改めて触れたい。

注

（1）回答者の親が子ども（回答者）ではなく、回答者の子ども（孫）に生前贈与をしている可能性もあるが、本章で用いるデータでは区別できない。

（2）これまでに生前贈与を受けたことがないとの回答が回答者全体の8割から9割を占める。生前贈与を受けた場合でも1回もしくは2回が多い。

（3）同一個人に対して一定の間隔で繰り返し調査をするパネル調査の主な目的は長期間にわたる個人内の変化を調べることにあるため、多くのパネル調査は調査開始時に準備した質問項目を繰り返し用いる。従って、調査の途中で新しい問題意識に基づく質問項目を含めにくいことはパネル調査の弱点の一つである。

（4）近年では長男であることと老後のサポートとの関係はかならずしも強くないことを示す知見も増えている（直井ほか 2006; 小林・Liang 2007）。

付録　分析手法について

本章ではハイブリッドモデル（Allison 2009）を適用する。[1] パネルデータの分析で広く用いられてきた固定効果モデルは観察できない個人の異質性と独立変数が関連しうると仮定し、期間内センタリングを行ってパラメーターを推定する。しかし、このモデルは調査期間中に値が変わらない変数、たとえば長女・長男であることや学歴など基本属性の効果を推定できない。この問題点を克服するのがハイブリッドモデルである。ハイブリッドモデルの推定は変量効果モデルを基本とするため、調査期間中に値が変わらない変数のパラメーターも推定できる。

このモデルはマルチレベル分析の集団平均センタリングを応用し、調査期間中に値が変わる変数の効果を個人内変動と個人間変動に分けて推定する。これにより、個人内変動が従属変数に及ぼす影響をモデル化できる意義もあり、適用例が増えている（詳しくは中澤 2012など）。

従属変数が質的変数である場合のロジットモデルは(1)式の通りである（Allison 2014; Stata Press 2011）。

$$\mathrm{Logit}(\Pr(Y_{ij}=1|X_{ij}, \alpha_i)) = \mu + \beta X_{ij} + \alpha_i \qquad (1)$$

ここで、Y_{ij}はi番目のクラスターにおける個人jの値を表し、0もしくは1の値を取る。X_{ij}はj番目のクラスターにおける個人iの独立変数の列ベクトル、βは係数の行ベクトルである。α_iはクラスターiの観察されない効果（異質性）を表す。Xをクラスター内要素とクラスター間要素に分解するハイブリッドモデルは(2)式のように表すことができる。ここでβ_Wは個人内の要素を、β_Bは個人間の要素を表すパラメーターである。

$$\mathrm{Logit}(\Pr(Y_{ij}=1|X_{ij},\overline{X}_i,a_i))=\mu+\beta_W(X_{ij}-\overline{X}_i)+\beta_B\overline{X}_i+a_i \qquad (2)$$

注

（1）近年の親子関係研究ではそれぞれの親とそれぞれの子どもとのつながり（ダイアド）を分析単位としたマルチレベル分析を用いる例が増えている。本章でマルチレベル分析を用いない理由は、「消費生活に関するパネル調査」では、対象者以外の兄弟姉妹と親との関係を尋ねていないことによるデータの制約のためである。

第5章　家族はなぜ住宅を買うのか

1　はじめに

第3章では住宅所有には社会経済的要因と家族的要因の二つのルートがあり、夫の職業よりも親からの相続や生前贈与を受け取ることや親との同居の影響が強いことを示した。そして、第4章では親からの生前贈与を受けられるかどうかは子どものニーズと親の経済力によって決まることを確認した。いずれも大規模データの統計分析によって明らかになったことである。しかし、統計分析からは住宅に対する人びとの意味づけや住宅所有にいたるプロセスとその対処、そして家族成員間の交渉や調整はみえにくい。

話は少しそれるが、内閣府は人びとの生活意識を長年調査してきた（「国民生活に関する世論調査」）。質問内容は多岐にわたるが、「これからは心の豊かさか、まだ物の豊かさか」の質問は代表的なものの一つである。調査結果をみると人びとが「これからは心の豊かさ」と答える割合は一九七二（昭和四七）年以降増えており、二〇二二（令和四）年では60％が心の豊かさを重視するようになっている。食生活や住生活など生活の基盤に対する満足度がすでに6〜7割前後と高いことが心の豊かさ重視の背景にありそうだ。

他方、住宅ローンが苦しい、住宅ローンで後悔しているという書き込みはマスメディアやインターネットでしばしば目にする。低金利政策が続いてきた日本では住宅ローンを借りやすくなっているものの、人びとの収入は伸び悩んでいるからである。しかも日本の住宅ローンはリコースローンが主流である。これは住宅ローンの返済ができなくなった場合に、持家を手放しても負債を返済する義務が残ることがある仕組みである。さらに、現在は多くの借り手が固定金利型ではなく変動金利型の住宅ローンを選択しているが、変動金利型は金利上昇のリスクを自己責任で引き受けるものである。そのうえ、災害で家を失ったにもかかわらず住宅ローンだけが残ったり、新たな住宅ローンを組むことができなかったり、あるいはもともとローンがあるのに追加で借り入れをしなくてはならない「二重ローン問題」もある。

このように、住宅を購入することは家計にとってリスクである。それにもかかわらず、人びとはなぜ住宅を購入しようとするのか。そして、住宅購入後の生活はどのように変化し、人びとはそれにどのように対処しているのか。これらの問いに、本章では二つのインタビュー調査をもとに答えたい。インタビュー調査によって住宅購入のプロセスを具体的に把握し、人びとにとっての持家の意味をより深く理解することができるだろう。そして、ライフコース論における「人間行為力」と「人生のタイミング（戦略的適応）」を分析できると考えた[1]。なお、インタビュー対象者のなかには戸建を購入したケースと分譲マンションを購入したケースがあるが、どちらも対象者自身の家族が住む持家である。投資用物件の購入ではない。

2　インタビュー調査について

家計というセンシティブな内容を尋ねるため、筆者自身の知り合いやそのつてをたどって対象者を選ぶことは難しいと判断した。そこで、「調査時期からさかのぼって三年以内に、首都圏で初めての住宅を購入した人」という条件で、日経リサーチ社のモニターから対象者を10名選んだ。

まず、男性5名、女性5名のグループインタビューでおおよその傾向を把握したのち、そのなかから3名を選んで1対1のインタビューを行った。インタビューを2回実施するこの方法は日経リサーチ社の担当者からのアドバイスによる。実際に、グループインタビューと1対1のインタビューでは対象者の語り口や服装は異なっていた。1対1のインタビューのほうがグループインタビューよりも率直な実態、意見や価値観を聞くことができ、服装は普段着に近く、対象者のライフスタイルがうかがえた[2]。

グループインタビューは二〇一一年一二月にモデレーター主導で行われた。男性グループ、女性グループとも所要時間は1・5時間である。男女5名ずつだが夫婦ではない。その中から男性1名、女性2名を選び、二〇一二年一月に筆者との1対1のインタビューを行った。いずれも所要時間は1・5時間である。場所はすべて日経リサーチ社の会議室であった。ここで分析するデータは主に1対1のインタビュー記録に基づくが、一部、グループインタビューの結果にも触れている。

グループインタビューで質問した内容は年齢、家族構成、住宅歴、住宅の建て方、所有関係（だれが名義人か）、物件価格、ローンの状況、住宅購入のきっかけとそのプロセス、購入による生活への影響、趣味や近所づきあいなどである。また、住宅の建て方や外観・内部の様子がわかる写真の持参も依頼した。1対1のインタビューでは、家計について詳しく尋ねたほか住宅歴・職業歴・家族歴などのライフコース、人生の転機、現在の就業状況、親子・夫婦・きょうだいなどの家族関係、子どもの教育、老後の見通し、政府への期待などを聞いた。調査票は用いていないが、いずれのインタビューでも簡単なメモを用意したので半構造化インタビューといえる。

対象者の基本属性は表5‐1のとおりである。日経リサーチ社のモニターであるため、対象者の学歴は高い。高卒者は1人もいなかった。表5‐1でマルがついている3人は1対1のインタビューの対象者でもある。Cさん、Fさん、Gさんの3人を選んだ理由は、世代（出生コーホート）・結婚のタイミング・ジェンダーの観点から比較をするためである。

インタビュー終了後には文字起こしをしてトランスクリプトを作成した。そして、メモとトランスクリプトを読みながら対象者の発言を整理した。発言内容はテーマ別に整理したのち対象者別にも整理し、重要な言葉や語りを抽出した。抽出にあたって心がけたことは多くの人が共通して語ったことだけではなく、その人の特徴が表れるようなエピソード、あるいは言葉や表現である。また、繰り返し語られたこと、矛盾すること、喜び、不安、葛藤、不満など広い意味での感情表現にも対象者を理解する手がかりがあると考えた。以下の記述では、筆者が日本語表現を整えた部分もあるが、最小限にとどめた。沈黙や省略部分は……で表し、筆者による補足は〔　〕で示した。子どもがいない対象者は少なかったため、分析は子どもがいる対象者を中心とした。

表5-1 インタビュー対象者の基本属性

	氏名	建て方	性別	年齢	家族構成	妻の就業形態	物件価格	ローン比率
	Aさん	戸建住宅	男性	40代後半	夫婦のみ	無職	3,000万円台	90%～
	Bさん	集合住宅	男性	30代後半	夫婦＋両親＋小学生3人	パート	3,000万円台	10%台
○	Cさん	集合住宅	男性	50代前半	夫婦＋小学生2人	無職	4,000万円台	50%台
	Dさん	戸建住宅	男性	40代前半	夫婦のみ	無職	5,000万円台	70%台
	Eさん	集合住宅	男性	30代前半	夫婦＋幼稚園児2人	無職	3,000万円台	80%台
○	Fさん	戸建住宅	女性	30代後半	夫婦＋小学生1人＋保育園児1人	契約社員	4,000万円台	60%台
○	Gさん	集合住宅	女性	40代後半	夫婦＋小学生1人＋高校生1人	パート	3,000万円台	20%台
	Hさん	集合住宅	女性	50代後半	夫婦＋成人子2人	フリーランス	3,000万円台	90%～
	1さん	戸建住宅	女性	30代後半	夫婦＋小学生1人＋未就学児1人	無職	5,000万円台	40%台
	Jさん	集合住宅	女性	30代前半	夫婦のみ	無職	3,000万円台	50%台

注：筆者作成。

3　インタビューから

3・1　なぜ住宅を買ったのか

子どものための家

住宅を購入したきっかけは結婚、出産や子どもの成長である。

「結婚はもちろん、住宅〔を買ったこと〕も人生の分岐点なんですよ。結婚したから住宅を買うということにつながりますけどね」（Cさん）

「子どもがいなかったら、多分賃貸だったような気がしますね。……〔子どもが増えたという〕きっかけがないと、なかなか踏み切れないというのもありますね。……〔賃貸住宅のままだったら〕子どもが小さいうちはいいですけど、大きくなってくると自分のスペースとかが欲しくなるじゃないですか。そうしたときに、ちょっとかわいそうかなと思っちゃいますね」（Fさん）

「〔3LDKのうち〕小さい部屋を長男にあてがって、もう一部屋は……来年くらいから下の子に与えるつもりですけど。私の部屋〔や妻の部屋も〕はないですね」（Cさん）

「3階の2部屋を子ども部屋にしようと思ってつくったんですが〔まだ子どもが小さいので勉強部屋にはなっていません〕」「きれいにお掃除しようとか思いましたけど、……。今はめちゃめちゃですけどね。……しようがないですよね。子どもたちのために買った家ですから」「私は〔きょうだいで〕一緒の部屋だったし。ぜいたく過ぎるなとは思うんですけどね。でも、そういう環境を与えられるんだったら与えてあげたいなと思っていますね」（Fさん）

対象者たちは、子どもが大きくなったら一人ずつ専用の部屋を用意することがさも当然であるかのように語った。Gさんのマンションは郊外の子育て支援マンションでもともと部屋数が多いため、夫・妻（Gさん）・子ども2人の家族全員に専用の部屋がある。一方、FさんとCさんには自分の部屋はない。対象者自身が高い教育を受けており、首都圏在住であるために教育熱心である。子どもにも大学進学を期待しているので、子どものためにできるだけよい環境を与えたいという強い気持ちが言葉の端々からにじみでていた。子どもが小学校に上がるタイミングや学区を考慮したそうだ。子どもの通学時間も重要であり、それは夫の通勤時間よりも優先される。

「〔上の娘については〕一応中学受験を考えているので。……4月から塾には行かせようかなと思っていて。〔下の息子は〕いいところに行ってもらいたいなとは思っています」（Fさん）

「〔上の息子は〕高校生です。ここで就職するなんて言われたら『えーっ』ですよね」（Gさん）

「えっとね、塾は行ってるんですよ。……そうですね。（子どもが二人とも大学生）となると、本当に心配の種ですね。……実はちょっと心配ですね」（Cさん）

ソーンダース（Saunders 1990）によるイギリスの調査では、家を買う理由として「子どもに残せる」と答えたケースはあるが、「子どものため」と回答したケースは少ない。二〇一五（平成二七）年の内閣府の世論調査でも、住宅を「所有したい」とする理由として「同じところに安心して住み続けたいから」「長い目でみると所有したほうが有利だから（資産価値があるから）」「子どもに財産として残したいから」「リフォーム（室内の改造や模様替え）などが自由にできるから」といった理由であり、「子どものため」という選択肢はそもそもない。

他方、今回のグループインタビューでは「子どもが生まれたから」、「子どもが大きくなって狭くなったから」、「子どものため」という語りがしばしば聞かれた。ただし、対象者、とくに女性対象者の発言を文字通り受け取っていいかどうか、立ち止まって考える必要がある。

なぜなら、住宅購入にあたって妻はあまり費用を出していないにもかかわらず、妻の意向を尊重した家となっているからだ。男性のグループインタビューでは全員が妻は費用をまったく出しておらず、名義はすべて自分（夫）になっていると語った。女性のグループインタビューでは4名が住宅購入費用を負担したが、そのうち住宅が夫婦の共同名義になっているのは1名のみであった。妻が負担した費用はそれほど多くないようだった。

それにもかかわらず、住宅購入にあたって積極的に行動したのは妻のほうである。このような後ろめたさが「子どものため」という語りとなったのだろう。「〔買うことを考えていなかったが、見に行ったら夫が〕気に入って」と妻たちは口々に語った。夫が最初から積極的に行動したケースは2、3ケースと少なかった。

「〔夫が転職して会社経営者になると、〕ローンを組みにくいと思っていたので、〔会社を〕辞める前には買っておきたいなと思いましたね」「買うしかないでしょうって背中を押して買わせたという感じ」（Fさん）

「〔将来の不安を考えると〕現金とかほかの資産で持っていたかったんですけど、妻の意向を全面的に受け入れたというかたちになります」（Cさん）

一方、グループインタビューの男性に目立ったのは、社宅の入居年齢には上限がありそろそろ退去しないといけないこと、上の階の騒音が気になることが住宅購入のきっかけと語ったことである。

家や地域にいない父親／夫

多くの妻たちが「子どものための家」と口にしたのは、夫があまり家にいないこともある。夫は子どもの面倒はみる（あるいはみようとはする）ものの、仕事中心で子どもや地域とのかかわりは薄い。近所づきあいは挨拶程度である。

「朝早く夜遅くで、子どもたちなんてほとんど土・日しか〔父親と顔を合わさない〕。……それが普通なんですかね。……中間管理職で大変なんでしょうね、きっとね。……でも、嫌な仕事じゃないみたいですよね」「どうしても〔夫との〕会話も少なくなってくるじゃないですか。どこのお宅もそうだといいますけどね、ちょっとやり切れないなっていう話をこの間お友達としてたんですけど」（Gさん）。

Gさんの夫は労働時間だけではなく通勤時間も長いため、自治会や管理組合の仕事にはGさんが出席する。

「〔転職前の夫は〕残業も多かったですし、〔会社で〕飲みに行く回数が多いときは週5。……もうびっくりして、仕事とはいってもいいな〜、みたいに思っちゃって」（Fさん）。

現在ではFさんの夫は自営業になったため、下の子を保育園に送っている。ただし、土曜日も仕事をしている。

Cさんの会社は残業が少ないが、「〔家では〕食事などして、飯食って寝るだけ」である。

「かみさんのほうは〔学校や地域で〕いろんなことをやってますけど、私自身は、あまり〔やっていることは〕ないですね」「〔自分は〕会社中心になっちゃっていますね。……〔大学を卒業して同じ会社に〕30年近く勤めてますよね」（Cさん）

このような状況をみると、夫たちが「上の階の騒音が気になるので住宅を買った」と語るのは神経質だからというよりも近所づきあいが少ないために少しの物音でも気になるからのようだ。分譲マンションに住むCさんは「〔ときどき〕上の物音がうるさい」とこぼした。

子どもの選択肢を増やしたい親

対象者たちは住宅を買い、大学に進学させる以外にも、できるだけ多くの機会を子どもに与えたいと願っていた。

「東京は選択肢がたくさんあるので、選べるんだったら行きたいところ、環境のいいところに行ったほうがいいかなと思いますね」「〔私も習いごとはしていたけれど、〕でも、いま思えばもっと何かいろんなことをやっていたら、いろんな可能性があったんじゃないかなとか思ったりもしますね。……〔子どもが〕やりたいというものはやらせてあげたいと思うんですね」（Fさん）

「〔ピアノのローンがやっと終わったと思ったら〕すぐにでも辞めたいとか〔子どもが〕言ってるので、

もうちょっと頑張ってみたらとは言ってるんですけど……。潮どきなのかな。……でも将来、やっててよかったって、そういうときってあると思うんですよね。私は小さいころはそれほど裕福じゃなかったので、……だから余計、子どもにはやりたいと思ったことはやらせてあげようという気持ちが大きいので」（Gさん）

Cさん、Fさん、Gさんとも子どもは男の子と女の子が一人ずついるが、女の子は専門学校でいいとか短大でいいということはなさそうである。娘にも息子にもできるだけ平等に塾や習いごとをさせている。家族関係も良好で子どもが将来うまくいくように願っている。近場だとはいうものの、Fさんは子どもを連れて海外旅行にも行った。このような支出は家計にも少なからず影響があるのではないか。

3・2　自分たちの住宅を購入した喜び

対象者は多かれ少なかれ将来の働き方や家計に不安を感じていた。それにもかかわらずなぜ住宅を買うことにしたのだろうか。住宅を買うきっかけはすでに尋ねたので、入居したときにどう感じたかを聞くと、3人とも購入手続きや引っ越しは大変だったが、嬉しかったという。

「初めての自分のマンションじゃないですか。新築ですし、すごく嬉しかったですよね。……念願の自分のお部屋もできるし、思い描いていた〔カウンターキッチンの〕台所。……子どもたちももううれしくて仕方ないという感じですかね。……主人も主人で自分だけの部屋ができたので、やっぱ

り嬉しかったと思いますよ」（Gさん）

「新築なので、まあ、それはよかったです。……結構景色がよくて、夜景とか花火とか最初のうちは楽しめたかなと思いますけどね。図書館もあるし、日常生活は自分のライフスタイルにやっぱりすごく合っていると思う」「妻もよかったと言ってますよね。……〔子どもも〕気に入ってるって感じですかね」（Cさん）

「23区内で家を買うなんて夢のまた夢のことだったので、……頑張ったな、みたいなことは思いましたね。もちろん、ローンですけど」（Fさん）

住宅は単に家族が寝起きするだけの場所ではない。周りの環境も含め自分や家族が思い描くライフスタイルが実現できることは大きな喜びである。さらに、住宅を購入することは自分が頑張ってきたことの証しでもある。三浦（1999）がいみじくも述べたように、家族が家を買うのではなく、家を買って家族になるのである。

3・3　住宅購入による生活の変化

対象者全員が住宅ローンを組んだが、物件価格に占めるローンの比率は対象者によって異なる（表5－1）。ローンの比率は物件価格、購入前の預貯金残高、親からの援助の有無に左右される。なお、住宅購入にあたって親から援助を受けたのは3名のみであった。

グループインタビューでは、1～2名を除き住宅購入に伴う家計の変化はほとんどないと答えた。そもそも金融機関は返済能力を超えるような融資はしないからである。そのため、他の調査をみても「ぜいたくはできないが、何とかやっていける」が約60％ともっとも多く、次いで「ぜいたくを多少がまんしている」が約25％となる（国土交通省 2020）[3]。

グループインタビューでは、希望通りの融資を受けられなかったので水回りが多少不便になったと語ったケースがあった。これも家計の対処方法の一つであろう。別の対象者は生命保険を解約して団体信用生命保険に入り直したと語ったが、これも住宅購入時には一般的な行動である。近年では住宅購入にかかわらず多くの家族が生命保険を見直しているため、節約したという意識も薄いのだろう。車は郊外から都心に引っ越した1名のみが手放していた。付き合いやレジャーを減らしているケースもあるが、子どもの世話をするという「大義名分」もあるため、やはり節約しているという意識は薄いようだ。図書館の利用もとくに節約とは意識されない。理想と現実を調整したケースとしては、30歳代のケースが興味深かった。

「〔マンションは〕ローンが終わっても、〔駐車場代とか管理費とか修繕積立代を〕払わなければいけないじゃないですか。……〔戸建なら〕自分が直したいときに、お金がたまったら直せばいいし」（Fさん）

と考えたので戸建を購入したそうだ。だが、1階から3階に移動する生活が思ったよりも大変なので、「お年寄りになったら絶対に住みたくない」とFさんが語れば、「私も」とIさんが合わせる。

あるいは、これはグループインタビューでの発言だが

「〔妻は買い物に便利なところを希望していたけれど〕今は駅まで20分、スーパーは一応あるけれど、……買い物とか、お金を〔引き〕出したりするのとか不便」という。さらに、本人は気に入っているものの、「〔川に挟まれていて〕洪水になったらちょっと危ういな」（Eさん）

というように便利さや安全性が犠牲になっているが、不満はそれほど強くなく、仕方ないと考えているようだった。グループインタビューでは一人一人が話す時間は限られており、また初対面の人同士であるため遠慮もある。したがって、住宅購入後の生活の変化は個人インタビューで明らかになった。

30代で都内に3階建ての戸建を買ったFさんの夫は会社を立ち上げたばかりである。

「〔今は自分が大黒柱なので〕立場的にいいんですよ」という一方で、「どんどん稼いできてもらわないと。……ちょっと頑張ってもらいたいなと思っている」そうだ（Fさん）。

というのも、Fさんは働くことが好きで最初の子どもが1歳の頃にはもうパートに出ていたが、現在は別の会社で契約社員として働いているからである。

「借金というのが嫌いなんで。〔車もキャッシュで購入して〕人生で初めてローンを組んだのは家ですね」（Fさん）

そこでFさんは友人知人のつてをたどって室内用品をできるだけ安く購入したり、住宅そのものも不動産会社を通さずに直接工務店と交渉したりしてマージンをカットした。

40代でマンションを買ったGさんは、

「引っ越し、諸経費、……マンションの代金だけじゃないんだなということをそこで初めて知ったんですね。……ちょっとびっくり（笑）。今まで使っていたもの〔ダイニングテーブル、洗濯機、カーテンなど〕ってほとんど使えないじゃないですか。……とにかく用意するものがかなりありましたよね」「〔マットなどもローンで購入して、もしここで何かあったらどうしようって、〕ああ、それは考えないんですよね。だって、考えたら買えないですもん。貯金も使っちゃいましたね」（Gさん）

40代後半のGさんは若いころは美容関係の仕事をしており、インタビュー当日もおしゃれな服を着て、メイクやヘアスタイルにも本人の個性が表れていた。ブランドのロゴが入ったバッグを持っていたが、それはインタビュー当時流行り始めていたブランドムックの付録である。Gさんいわく、「〔服飾関係に勤めている夫は〕私がいうのも変ですが、おしゃれ」であり、Gさん自身は若いころにはテニスやゴルフ、夫は学生時代にヨットをしていた。

「〔夫は楽器を〕車に乗っけて毎週〔教室に〕通ってました。……会社の業績もあまり思わしくないみたいで、お給料が下がったとか言い出して、ちょっと無駄なものは省こうという話になって。じゃあとりあえず車かみたいな感じで。……結局、楽器も年末でやめてしまって」「〔子どもの大学は家から通える範囲〕じゃないと多分大変だと思います。今までがいろいろかかっていますからね、これ以上ちょっとかけてほしくないというか」「〔やや広めの家を買ったけれど、老後は〕買い替えって無理かなって感じですよね」（Gさん）

マンションを買ったCさんは、

「〔年度末の決算期で、営業マンの言い値から〕〇〇〇万値下げしろ、……それだったら買うよ、って言い方したんですね。それで後に引けなくなっちゃったところもあるんですけどね」「頭金は多めに払いました。2年くらいは繰り上げ返済をやったんですけど、今はできないですね。子どもの教育費とかにかかっちゃって」「いろいろ切り詰めてやってるんですけど、なかなかそうもいかないしね。やっぱり物を買わないですよね。……この際、全部一新しようとかというのはやらなかったですね。子どもがいると〔習いごとの送り迎えやそれぞれの実家に行くときに〕車は必要ですね」（Cさん）。

Cさんは61歳で住宅ローンを完済する見込みである。定年と2人の子どもの大学進学が重なる可能性があり、定年後をどうするか考えている。Fさんは共働きで子どものためにお金はつかうものの、すでに紹介したように住宅購入にあたってはさまざまな節約をした。Fさんは夫婦とも転職を何回か経験しているようであり、またバブルを経験していないことが堅実な家計管理につながっているらしい。これに対し、Gさんは消費意欲が旺盛である。バブルを経験し、夫が大企業に勤めていることが関係しているようだが、それでも車を手放したり夫が趣味を辞めたりするなど家計を引き締めた。CさんとGさんとは年齢があまり変わらないが、Cさんはほとんど物を買わない。1対1のインタビュー当日は大手カジュアルメーカーの衣料を着ていた。それはCさんの結婚と住宅購入のタイミング、勤務先の状況だけではなく妻の働き方とも関係がある。

3・4　将来への不安

対象者が住宅を購入する直前にはリーマン・ショックがあった。その影響は悪いことばかりではなく、土地や住宅価格が下がったおかげで安く買えたと喜ぶ声もあった。だが、1対1のインタビューをした3名は景気の低迷や転職のために夫の収入が下がっている。とくにCさんは会社にたいして複雑な思いがある。

「転職はね、30ぐらいのとき、〔独身で〕まだ景気もよかったんで、ちょっと思ったときもあったんですけど、とりたてて行動はしてないですね。……この年になっちゃうと、どうしようもないですね。〔60歳の定年まで〕あと何年いられるかという感じでしょうね」「離職率は低い会社なんですよ。……〔でも〕21世紀に入ってから、もうすごい環境の変化ですよね。……まず給料は減りましたよね。〔リーマン・ショックの前から〕成果主義〔が導入されて〕、目標が達成できなければ〔給料が〕下がっちゃいます。下げられましたしね」「〔昔の雰囲気は〕もう失われましたね。年功序列もないんだし、上司がもう年下ですしね。……将来設計も全部変わっちゃうわけですよね。年金もね。……結局、私の年代って一番割り食うんですよ。……〔組合も〕なにも言えない」（Cさん）

「〔結婚するときに〕今の会社でやっていけるのか、かなり迷ったみたいなんですよね。転職するならそのときしかないかなと考えてはいたみたいなんですけど、結局は今のところにいて正解だったとは言ってますけれども」（Gさん）

「〔子どもが一人のままだったら、公営賃貸住宅に住み続けて〕家を買おうとは考えなかったです」「……私は派遣なので、〔民間企業の正社員の人が対象になる時短勤務とか保育料補助の〕恩恵はないんで、そういう差別もなんだかいやだなと思いますね。結局やっている仕事は同じなのに、そういう待遇が違うところ」（Fさん）

住宅を購入した今となってはCさんもGさんの夫も転職を考えることはない。住宅ローンを抱えている状態での転職はリスクが大きいからだ。だからこそ、子どもにはどこでも食べていける技術者や研究者になって欲しいというのがCさんの希望である。30代のFさんは夫婦ともに引っ越しを伴う転職をした。Fさん自身は派遣であり、待遇に不満そうであった。だが、同じ会社に正社員として勤め続けているCさんもGさんの夫も、上の世代が経験してこなかった収入の低下など職場の変化を経験しているのである。このような対象者自身の将来への不安が子どもへの期待となる。

3・5　妻の働き方

住宅購入は家族にとっては嬉しい出来事だが、住宅ローンの返済は家計にとって負担となりうる。木本（1995）はトヨタの労働者は若いうちに住宅を購入できるが自己資金が乏しいため借入金額が多くなり、妻も働くようになると指摘した。稼ぎ主である夫の収入だけでは生活が難しい場合、妻が働くことも家計にとっての対処方法の一つである。

Fさんも G さんも正規ではないが働いている。Fさんは普段は9時前から16時まで契約社員として働いているが、忙しい時は18時まで働くことがある。Gさんは在宅ワーク中心である。他方、Cさんの妻は無職であり、Cさんは妻に働いて欲しいと思っている。

「〔妻とは〕6つ離れてますか。……アルバイトで働いた時期もあるんだけど、結局ずっと〔専業主婦〕……働いてくれとは言ってるんですけど、……仕事がないと言うんですね。子どもにも手がかかるし。だから、ある程度落ちついたら働き出すとは言ってましたが、こればっかりはちょっと……〔働いたら働いたで〕こっちが〔家事とか送り迎えとか〕プレッシャーかかりますね。……どこまでやっていけるか。だけど、そういう生活をしていかないと、ちょっと苦しいかなとは思いますね。子どもの教育費もすごいかかってきているし」（Cさん）

保育園や学童保育など子どもを預ける場所が不足しており、預けたら預けたで大変なので少子化になるのも当然だとCさんはいう。親にはあまり頼れないようであった。Fさんも離れて暮らす親には頼れないらしく、残業がある日にはファミリーサポートセンターに子どものお迎えを頼む。パソコンが普及したため、Fさんの会社では店頭に来る人が減り、以前よりも残業が減っている。それについて、Fさんがどう思っているのかはわからなかった。

3・6 選択肢がない住宅市場

住宅を買ってよかったとはいうものの、Cさんは複雑である。

「公団がもっと整備されれば買わなかったかもしれないですね。公団のある地域が限られているし、……。駅から結構離れていますよね。……そもそも公団に限らないけど、子育て層が入れる広い〔賃貸〕住宅って少ないですよね」「選択肢が少ないんですよ。だから無理して買ってるというのもある。みんながみんなマイホーム主義で〔家を〕買ってるとは、私は思いません」（Cさん）

とCさんはインタビューの終盤、少し苛立ちとあきらめが混じった口調で話した。

Gさんも「もしここで何かあったらどうしようって考えたら、必要なものは買えない」と明るく話していたが、インタビューが進むにつれてトーンが変わる。

「〔政治にはあまり関心はないけれど、〕消費税、年金、何か不安ですよね。……うちのようにローンがたくさんあると貯金できないし。〔ローンが終わっても、夫と死別して〕1人きりになったときに住む家はあっても〔いろいろ〕払っていけるんだろうかとか思うと、不安でしょうがないですね。……それだったらお気楽な賃貸とかのほうがいいのかなとかって思っちゃいますよね。……でも一度はやっぱり自分のお家というものを持ちたいですよね。そういう点では、今回購入してよかったなとは思いますけど」（Gさん）

子どもがいると賃貸住宅に住むという選択肢はほとんどない。居住環境、面積や間取りなどの居住水準、そして防音性の問題があるからだ。さらに、持家のほうが台所設備や防犯設備も充実しており、それがよかったという声もグループインタビューでは語られた。

選択肢がないという点については、対象者10人全員が新築を購入していた。対象者たちは絶対に新築住宅でなければ嫌だという強い意見は持っていなかった。しかし、耐震性の問題だったり、中古住宅では住宅ローンの審査が通らなかったり、新築のほうが税制面で有利だったので新築住宅を選んだという。住宅情報誌には新築住宅の情報しか掲載されておらず、中古住宅はメンテナンス費用がどれだけかかるかわからなかったりすることも心配で新築にしたというケースもあった。

中古住宅の性能を検査し、保証期間中に不具合があった場合には保険金が支払われる仕組みもあるが、そのような情報はあまり流通していない。また、中古住宅でも一定の基準を満たせば住宅ローン控除の対象となるが、最新の情報を調べて必要な手続きをおこなうことは時間とエネルギーがかかる。これは筆者も自分自身の経験から痛感した。このような現状では多くの人は新築を買わざるを得ない。

しかし、グループインタビューから1対1のインタビューまでのすべての過程において、持家以外の選択肢がないことをはっきりと述べたのはCさんのみであった。日本では自分たちの努力によって家を買うことが当然のこととされてきたので、Cさん以外はあえて口に出したり問題視することも少なかったようだ。

4　まとめ――日本の親子関係と持家

本章では人びとが住宅を購入する動機と住宅購入後の生活の変化、そしてそれにたいする対処をインタビュー調査から探った。

まず、日本では子どもを持つと賃貸住宅に住み続けるという選択肢がほとんどない。子育て家族向けの良質な賃貸住宅の供給が不充分だからである。これは日本が持家社会であることの原因でもあり結果でもある。人びとの多くが持家を望ましいと考え、政府も持家を促す二元的賃貸システムでは持家と賃貸住宅、そして民間賃貸住宅と公団・公営賃貸住宅では住宅の質が異なる。そのため、人びとは持家を取得せざるを得ない構図がある。

さらに、日本では依然として中古住宅の流通が十分ではなく、それゆえ中古住宅に関する情報も十分ではない。戦後の日本はアメリカをモデルとして発展してきたが、大量消費社会の典型であるアメリカですら中古住宅の流通が多い（National Association of Realtor n.d.）。これに対して日本は新築住宅を経済成長の手段としてきたため、多くの人びとは好むと好まざるとにかかわらず新築住宅を購入することとなる。

結婚年齢が上昇しているため、人びとは短期間のうちに子どもの教育・住宅購入・老後の準備をしなくてはならなくなった。さらに子どもの性別によって教育に差をつけなくなっているため、家計管理は一層難しくなっている。木本（1995）やブルデュー（Bourdieu 2000=2006）はブルーカラー層が住宅を購入するリスクを指摘したが、本章のインタビューからはホワイトカラー層もまたリスクが高いことを指摘できる。そのため、家族は理想と現実を調整したり、家計を引き締めたりして対処するが、妻の就業による収入の増加を目指す戦略はそれほど簡単ではない。仕事と家庭の両立が難しいからだ。

ベック（Beck 1986=1998）やギデンズ（Giddens 1991=2021）が述べるように、前期近代では階級・階層、地域、家族など本人が選ぶことができない属性の影響が大きいなど生まれによる不平等はあるものの、人びとの将来設計は立てやすくライフコースの見通しははっきりしていた。だが、後期近代になると生き方の選択肢は増えたが、自分が選択した結果を引き受けなくてはならない自己責任社会となった。このような変化のなかで人びとは住宅を購入したり、自分の子どもに習いごとをさせたり、塾に行かせたり、できるだけのことをする。これらは将来に対して計画的に備えるという後期近代において望ましいとされる行動である。日本で子どもを持つ人びとは自分の学歴よりも子どもの学歴が下回らないことを望むが（吉川 2019）、住宅の購入もまさに将来の不安に備えたリスク回避行動の一つと解釈できる。

本書第2章では「アセット・ベース型福祉国家」を紹介した。ヨーロッパでは持家が生み出す経済的利益によってリスクに対処するが、日本では子どものために家を買うことでリスクに対処する。今回の対象者たちは親の老後のことも自分たちの老後のことも話さなかったが、子どもが高い学歴を獲得し良い仕事に就けば、自分たちの将来も子どもの将来も安泰と考えているようだった。これは持家を媒介として親子でケアを交換する日本社会のあり方を反映しているのではないか。そのため、親はさまざまな努力をして住宅を購入する。ただし、周りの家族が持家を買っているから自分たちもという部分もありそうだ。子育てや教育では親・親族や子どもの友達の親などが比較規準になることを、荒牧（2023）は指摘している。実際、親である自分自身はあまり納得していなくても、子どもの友達が受験をするので自分の子どもにも中学受験をさせたということはしばしば聞く。同様に、周りが住宅を買えば自分たちも買わないと子どもの将来が不安だからといったこともあるのではないか。それにくわえて、自分たち自身の家を所有することは幸福な家族の象徴でもある。こうして持家が多い社会が維持される。

また、インタビューでは「自分ができなかったことを子どもにはしてあげたい」という女性たちの語りがあった。これは自己アイデンティティを拡張し、かつての自分を子どもに投影し、自分自身のライフストーリーをも書き換える行為と解釈できる。このようなことをするのは二人とも仕事をしているが、それは自身の結婚前の仕事、あるいは現在の夫の仕事と比べると収入も低く補助的だからではないか。仕事と家庭の両立が難しい日本では、女性たちの複雑な気持ちを埋めあわせる仕組みをあまり持っていない。ボランティアのようなサードセクターの活動も限られている。そこで、親、特に母親は「子どものため」という理由で自己を犠牲にしてでも子どもの選択肢を増やすことになる。稼ぎ手である夫は会社や仕事に多くの時間をささげ、性別役割分業が変わる様子もない。住宅の購入は家族のさまざまな思いや努力、もしかすると不調に終わった「交渉」の上に成り立っている。

このような親をみて育つ若者たちが自分たちはとてもこのようにはできないとして結婚や出産を回避するようになるのも無理はない。結婚や出産をする若者が減れば、住宅を購入する人の数も減る。そして経済は停滞し、少子高齢化はさらに深刻になるという負のスパイラルから抜け出せないのが現在の日本社会である。最終章では、本書で明らかになったことをまとめてこの問題に対する処方箋を示したい。

注

（1） 量的調査と質的調査を併用することの意義はローブら（Laub and Sampson 1998=2003）参照。

（2） 個人情報の保護は、日経リサーチ社の規定に従い同社と対象者との間で誓約書を交わしている。また、インタビューを始める前には調査の趣旨や成果の公表について説明し、話したくないことは話さなくてよいこと、プライバシーを遵守することを約束したうえで、対象者の了承をえて録音した。

（3） ただし、一九九八（平成一〇）年から二〇一八（平成三〇）年の「住生活総合調査」の結果を比較すると、「ぜいたくを多少我慢している」と答える割合が増えている（国土交通省 2020）。

終章　人口減少社会における持家のこれから

本書は誰が住宅を持ちやすいのか、住宅を持てるかどうかに社会経済的格差はあるのか、あるとすればそれはどのような格差か、家計リスクがあるにもかかわらず多くの人びとが住宅（それも新築）を買おうとするのはなぜか、買ったあとの生活の変化にどう対処しているのかをみてきた。

終章では全体を通してわかったことや残された課題をまとめる。そして、私たちがより良い住生活を実現し、住宅所有の有無によって分断されない平等な社会を実現するための方策を提言したい。

1　明らかになったこと

本書で明らかになったことは次の四つにまとめられる。

1・1　人びとが持家の理想を実現できるようになったのは戦後である

戦前の持家層の多くは農家であり、都市部では賃貸住宅に住む人が多かった。都市部の住宅事情は良くなかったが、多くの人びとにとって郊外の持家は憧れにとどまっていた。しかし、地代家賃統制令が賃貸住宅の供給を減らしたことが持家が多い社会への地ならしをした。

一九五〇年代に成立した一連の法律（住宅金融公庫法・公営住宅法・日本公団住宅法）を「住宅の三本柱」と呼ぶが、これらは階層ごとに異なる住宅政策の組み合わせであった。研究者たちはこれを「住宅の55年体制」とよぶ。

戦後の日本はアメリカをモデルとしながら経済発展を目指した。多くの人は結婚して子どもを持ち、賃貸住宅から郊外の戸建持家という「住宅双六」のゴールを目指した。ただし、終戦を経て一九七〇年代前半まで住宅不足は続いた。若者が大都市に移動して核家族を作ったからである。高度経済成長が終わった後には、海外との貿易摩擦を解消するために持家が推進された。一九八〇年代に持家社会が完成したが、「住宅の三本柱」のうち日本住宅公団と住宅金融公庫は民営化され、「住宅の55年体制」が終わった。政権が変わっても持家路線は続き、いつしか空家も増えていった。

つまり、日本の住宅政策は社会不安を解消したり、戦争を遂行したり、経済を成長させたり、人びとを企業や社会の一員として統合させる手段であった。同時に家系の存続、資産形成、親子間でのケアの交換のための手段である。政治家は住宅は個人の努力で獲得するものという発言を繰り返した。住宅に関する基本的権利を保障するという発想は弱かった。

1・2　日本の住宅市場では人びとは分断されている

日本の持家率はおよそ6割であり、多くの先進国と同じくらいである。ただし、社会の仕組みを理解するうえで重要なのは、持家率よりも賃貸住宅市場のあり方だとハウジング研究者のケメニーは主張した。ケメニーの分類によれば日本は二元的賃貸システムである。日本は持家が多く、人びともそれを望んでいる。さらに、民間賃貸住宅と公営賃貸住宅には立地、住宅の質、家賃など大きな違いがある。それは当然だ、何を当たり前のことをわざわざ言っているのだ、と感じる人もいるかもしれない。だが、世界に目を向ければ民間賃貸住宅と公営賃貸住宅には大きな違いがなく、公営賃貸住宅が多く、かならずしも持家が主流ではない国もあった。このような国はケメニーの分類では統合的賃貸市場に分類される。あった、と過去形で書く理由はかつては公営賃貸住宅が充実していたイギリスやオランダでも現在では持家が多くなったからである。

社会階層ごとに異なる日本の住宅政策は戦前から現在まで続いている。持家へのアクセスは社会経済状況を反映している。つまり、住宅市場で人びとは分断されてきた。日本は住宅関連の公的支出は少ない。政府の代わりに企業が福利厚生・労務管理の一環として人びとの住宅を保障しており、それは現在でもみられる。

イギリスでは一九八〇年代に社会保障が削減された。グローバル化する社会のなかで雇用も家族も不安定になっているにもかかわらず、持家が生み出す利益によって各自がリスクに対応せざるを得ず、多くの国では持家率が上昇した。より良い住宅を所有するために共働きが増えた。

このような後期近代の変化を説明するのが「アセット・ベース型福祉国家論」および居住資本主義論である。多くの国で持家が多数派になっているが、ヨーロッパは持家を市場で活用してケアを調達するのに対して日本は持家を媒介として家族間でケアを調達する違いがある。その意味では、日本は昔から「アセット・ベース型福祉国家」であったといえる。

1・3　親からの経済的援助と夫の勤務先の状況が住宅取得を促す

データ分析からわかったことは夫の職業、親からの相続・生前贈与や親との同居が子どもの住宅取得を促すことである。夫がホワイトカラーかブルーカラーかといった職種の違いよりも勤務先の企業規模が大きいほうが有利であり、これは日本の特徴である。

子どもが住宅を購入したり、なんらかの出来事を経験したりすると親は子どもに援助をする。ただし、そのためには親が豊かであることが前提となる。このような結果は日本人は家族に何かが起こった場合は支出を引き締めたり、貯蓄を引き出すが、親に頼るという知見（Horioka et al. 2003）と一致する。このように親からの援助があることが日本では既婚女性の就業がなかなか進まない理由の一つかもしれない（Murakami 2012; 大和 2017）。女性の仕事と家庭の両立を難しくする雇用慣行や税制があり、意識の面でも実態の面でも性別役割分業意識が強いことだけが原因ではなさそうだ。

エスピン＝アンデルセンは、日本の福祉レジームは自由主義と保守主義と家族主義の特徴を併せ持つと指摘した。本書の分析結果はこれら三つの要素が重要であることを示している。宮本（2003）が残された課題であると指摘した、住宅領域における福祉レジーム論の妥当性が検証されたといえるのではないか。

1・4　格差は積み重なる

さらに注目すべきことは、妻の親から生前贈与を受け取ると夫の親からも生前贈与を受け取りやすいことである。これは聖書の「持てる者はますます豊かになり、貧しいものは持っているものも取り上げられる」という一節を思い出す。社会学者のロバート・マートンはこれを「マタイ効果」と名づけたが、近年では「累積的有利・不利」と表現することもある（DiPrete and Eirich 2006; Rigney 2010）[1]。

最近、「親ガチャ」「実家が太い」といった言葉を目にすることが多くなった。これらはいずれもインターネット上の俗語であるが、「親ガチャ」はマスメディアも取り上げるようになっている。この「親ガチャ」とは生まれた家庭環境によって子どものライフ・チャンスが左右されることを表す。ガチャガチャ（またはガチャポン）とはお金を入れてダイヤルを回すとカプセルに入ったおもちゃが出てくる自動販売機である。何が出てくるかわからないところに楽しさがあるといえるが、クレーンゲームのように自分で欲しいものを選ぶことはできない。ここに不条理がある。「実家が太い」という言葉は経済的援助が期待できる豊かな実家であることを指す。もともとは商品やサービスに対して気前よくお金を払ってくれる客（太客）を指す業界用語が転じたもののようだ。このような言葉が使われるようになったのは、どのような家庭に生まれるかによって子どもの人生が左右されることを多くの人が実感するようになったからに違いない。つまり、リスク対処における福祉国家の役割が縮小して家族の役割が再び大きくなったことによるが、これは家族への回帰といえる[2]。

日本ではイギリスのような大規模な社会保障の削減はまだない。オランダのように公営賃貸住宅が第三セクターに移管され、政府の補助金がカットされたわけでもない。そのかわり、住宅関連の福利厚生を受けられない非正規労働者が一九九〇年代以降、若者を中心に増えた。これらは社会保障の削減に匹敵するといえるが、親に頼れば大丈夫ということで夫（父親）が妻子を養う男性稼ぎ主モデルにこだわり続けているのが日本である。

日本も後期近代になりこれまでとは社会の仕組みが変わるなかで、親は子どもの将来の選択肢を増やしたいと願って塾や習いごとをさせたり、住宅を購入したりする。子どもが自分と同じような学校に行き、良い職業に就いてほしいというリスク回避志向がある。また、家族は多様化しているというものの、「子どものため」という近代家族の理想は依然として強い。住宅を購入することは親としての役割を果たしているという自信やアイデンティティにもつながる。(3)

将来への不安があるなかで、さまざまな対処をしてでも新築住宅を買おうとするのは住宅市場における選択肢が少ないからである。家族向けの賃貸住宅は少なく、中古住宅は入手しにくい。親からの援助、妻の就業、そしていつ生まれたか（出生コーホート）や結婚タイミングが早いか遅いかといった違いも住宅購入後の生活に影響する。親子関係と夫婦関係が交錯し、持家へのアクセスの有利・不利が蓄積されていく。

これらのまとめを踏まえて、まえがきの「住まいをめぐる神話」に答えていこう。

1・5　住まいをめぐる神話再考

その1　持家のほうが賃貸住宅よりも得である

実際にはさまざまな要因があるのでどちらが得か損か決めるのは難しいが、持家のほうが得になるような社会の仕組みがある。ブルデュー（Bourdieu 2000=2006）はかならずしも持家は合理的ではないと批判したが、砂原（2018）によれば日本では新築持家への選好は正統とみなされる。日本では新築持家が経済合理的な選択となるように政府はさまざまな補助金や税制上の優遇措置を講じてきた。

その2　公営賃貸住宅は役割を終えた

空家が増えたので公営賃貸住宅はもはや必要がないと考える人もいるようだが、都市部では公営賃貸住宅の抽選倍率は高い。希望者がすぐに入居できるとは限らない。重要なセーフティネットであり、役割を終えたとはいえないのではないか。

その3　新しい公営賃貸住宅は駅前にあり、便利な施設もある。安く住めるのはずるい

本書では論じることができなかったが、老朽化した公営住宅は建て替えが必要である。最近では公営賃貸住宅を建て替える際に他の公的施設や収益施設を併設している。これは民間の資金やノウハウを活用することで公営賃貸住宅を維持するための方策の一つである。安く住めるのはずるいという発言は公営賃貸住宅に対するスティグマ（社会的差別・偏見）の表れである。政府や自治体に要望を出すほうが良いのではないか。

その4　選ばなければ住むところはある

たしかに日本全体では空家は増えているが、地理的に偏在している。教育の機会、職業の機会、買い物や通院の機会を考えれば、どこでも住めるわけではない。また、子ども、高齢者、障がい者やDV被害者などにとっては住まいが安全であることが必要である。

その5　災害の危険があるところ、不便な場所には人を住まわせず、政府や自治体がお金を出して引

っ越させればよい

戦後は人口が大都市に集中して土地の価格が上がったりしたので安い土地を求めて住宅地は郊外へと拡大していった。そのため、人びとは災害の危険があったり、不便だったりする場所にも住まざるをえなかったようだ。政府や自治体はハザードマップを確認するよう求めたり、立地適正化計画を策定して中心市街地に住宅や生活に必要な施設を集約するコンパクトシティ化を進めたりしているが、成功事例は限られているという。住民にとっては長年住み慣れてきた地域から新しい地域に引っ越すことも抵抗があるだろう。

その6　親がいるから大丈夫

ベングッソンらは年長世代は支払った社会保険料を上回るかそれに見合った社会保障を受けられるが後の世代はそうではないという世代間不公平の議論は世代間の対立を生み、親・祖父母から子ども・孫への援助がある実態を無視していると主張する（Bengtson and Harootyan eds. 1994）。しかし、誰もが親に頼れるわけではないので、[4]生前贈与に関する税制は見直しが必要だろう。また、親がいれば大丈夫というのは「問題の先送り」にすぎないと考える。

日本で人並みの生活をするにはお金がかかる。それにもかかわらず、国には頼らず自分や家族が努力して教育を受け、就職し、子育てをし、住宅を買い、老後に備えるのが当然だと考えられてきた。人びとが我慢強く対処し続けることで日本の住宅システムはさらに維持・強化され人びとは持家の有無で分断される。ケメニーは住宅ローンを組んで持家を買う人は福祉国家による再分配を支持しないと考えた。同様に、負債があることは人びとを分断させるので、民主主義を再発明する必要があるとラッツァラートは宣言する（Lazzarato 2011=2012）[5]。彼にならって、そのための具体的な方策を本章第3節で述べよう。

2　残された課題

ここでは本書の限界と残された課題について述べたい。まず、本書では既婚者のみを分析している。とくに本書が用いたパネル調査やモニター調査に協力しているような人びとは社会経済的に安定している傾向がある。このような対象者を分析したことによるバイアスは存在するだろう。未婚者・離死別者、母子世帯、単身者、若者・高齢者、敷金礼金や保証人の用意が難しい人びと、非正規労働者、外国にルーツがある人びと、セクシュアルマイノリティ、障がいを持つ人々、ホームレス、被災者など社会的に不利な人びとの住宅問題は扱っていない。このような人びとの状況こそ深刻であることはいうまでもない。住宅所有のタイミング、世代（コーホート）による違い、そして立地や近隣環境も重要であろう（Van Ham et al. eds. 2012; 2013）。

次に、ケア仮説の検証である。本書では日本は持家を媒介として親は子どもから老後のケアを受け取るとの仮説を提示した。この点については親から相続を受けられる見込みがあれば、子どもは親に経済的・非経済的援助を行う予定があることを確認しているが（村上 2006a）、今後は実態についても分析する必要がある。

また、本書では家族を一枚岩とみなしており、家族内のジェンダーや世代の違いを考慮できていない。どういうことかというと、妻や子どもに住宅や土地の持ち分がなくても持家とみなしている。妻や子どもは疑似持家層というべきであり、家族関係が悪化した場合は住まいを失うリスクがある。既婚女性が就業する主な理由の一つには住宅ローンの返済があり、妻も住宅ローンの支払いに貢献しているにもかかわらず（岩間 2008）、持ち分を持つ女性は少ない。家計経済研究所の国際比較調査によれば、自分の名義がある住宅に住む女性は約10％でイギリスに比べて圧倒的に少ない（財団法人家計経済研究所編 2006b, 2006c）。相続や親との同居経験がある場合はない場合よりも女性が名義を持つ確率が若干高い。さらに既婚女性のうち土地・建物の名義を持たないケースが8割いた。頭金を払っていても名義がないケースは4分の1ほどいる。妻の学歴が高かったり、専門・技術、管理職であったりすると夫と共同で住宅ローンを組むので妻にも持ち分がある。他方、学歴が低い場合は相続・生前贈与で住宅を所有する（西野 2006; 御船 2006; 村上 2006b）。つまり、男性稼ぎ主社会では土地や住宅の持ち分がある既婚女性は少ない。これが離別後の母子世帯の厳しい住宅状況にもつながっている（葛西 2017）。その後に実施された別の調査（東京大学社会科学研究所「働き方とライフスタイルに関する全国調査」の二〇二一年分）を分析したところ、持ち分がある既婚女性は20％くらいに増えている。若い世代では既婚女性の就業が本格化しているためのようだ。

3　より良い住生活の実現にむけて

日本では人びとは将来に不安を感じている。それは住宅をはじめ子育てにはお金がかかるうえ、何かあってもそれは自己責任だとして突き放されるからだ。それが少子化となって表れているのではないか[6]。そこで、本書では直接分析しなかった論点も含むが、より良い住生活を実現するためにいくつか提案したい。

①持家を重視する政策を見直し、人びとが多様な選択をできるようにする。

雇用が不安定な若い世代は奨学金の返済もあり、結婚・出産・住宅の購入が負担になっている（二〇一七年八月二四日付朝日小学生新聞）。男女がともに働いて家事育児の責任を分かち合う社会に向かいつつあるが、家族の努力だけでは限界がある（ここでは男女と書いたが、同性カップルを排除するものではない）。そもそも住宅を購入したい人ばかりではないのではないか。そのためには多くの論者が主張するように、持家と賃貸住宅の居住水準や住居費の差を小さくし、賃貸住宅へのスティグマ（社会的偏見）を減らす必要がある（Kemeny 1981; 佐藤 1999; 瀬古 2014 ほか）。とくに、子育て中の家族向けの良質の民間賃貸住宅を増やす必要があるだろう。高齢者世代の住み替えを促すことも一案である（薬袋・藤沢・土屋 2015）。

②公的な家賃補助を増やす。

公営賃貸住宅は重要なセーフティネットだが、その戸数を増やすことは現実的ではない。公営賃貸住宅の代わりに空家を活用して入居者に家賃を補助する取り組みもあるが（二〇一六年七月二二日付朝日新聞）、拡がりが必要ではないか。生活保護の家賃扶助も対象はごく限られている。自治体による新婚世帯・子育て世帯向けの家賃補助は結婚や子どもがいることが条件である。現状からさらに一歩踏み出して低所得者向けの公的な家賃補助（または住宅手当、住宅給付）を提案したい。民間賃貸住宅の家賃負担は重い（渡辺 2021）。公的な家賃補助があれば、入居者の家賃負担能力と家賃との差額を埋めることができ、人びとの社会参加が促されると期待できる。

家賃補助のメリットには低所得、大家族、障害といった個別の必要性を配慮できること、家賃統制とは異なり家賃の決定を市場メカニズムにゆだねられること、低所得者が一定地域に集住することを防げること、持家に住んでいる人への補助金支出との公平性が図られること[7]、高齢者の施設入居を遅らせることができるなどの点がある。他方、家賃統制に比べると選別主義的になりがちであったり、家賃が上がるだけで借り手には利益がない可能性もある（武川 1996, 2011）。しかし、新型コロナウィルス・パンデミックでの住居確保給付金の申請・受給件数の増加（厚生労働省 n. d.）を考えれば、ニーズはあるはずだ。諸外国では公的な家賃補助が導入されている国もある（Kemp 2007）。企業による住宅手当等の支給は見直し、公的な家賃補助の可能性を検討する時期に来ているのではないか。

③環境問題対策も兼ねた良質の住宅を増やす。

エネルギー効率や設備の面で質の低い住宅も少なくなく、一定程度の建て替えは必要である。現在の省エネ住宅政策をさらに強力に推進して持家か賃貸住宅かにかかわらず良質の住宅を増やすことは、人びとの生活の質を高めるだけではなく環境問題への対策も期待できる。

④空家をこれ以上増やさないようにする。

人口増加と経済成長を前提としてきた戦後日本の仕組みは行き詰まっており、その結果、空家が増えている。現状では新築住宅を購入することは個人としては合理的な選択だが、社会全体としては必ずしも合理的ではない。新築住宅に有利な税制をさらに中立的なものにしたり、中古住宅市場を整備して必要な情報をわかりやすく提供して購入にあたっての不安を解消したりする仕組みの充実も必要である。学生寮あるいはシェアハウスとして空家を活用するのはどうだろうか。長時間通学・通勤が減り生活が豊かになることが期待できるし、地域も活性化するのではないか。空家を放置しておいたほうが有利になる固定資産税の見直しにも期待したい。まちづくりも視野にいれた住宅市場の課題解決も提言されている（二〇二三年九月二七日〜二九日付日本経済新聞）。

⑤住宅問題への人びとの関心を高める。

本書でたびたび触れたイギリスのサッチャー政権による社会保障改革は、政権が福祉国家に対してイデオロギー的嫌悪を持っていたことが大きいが、高齢者による社会運動が弱かったことも一因だという

（Walker 1996）。ドイツは現在でも持家率が低いが、住宅に関して多様なアクターの参加を促す仕組みがある（佐藤 1999）。持家率が高くなったオランダでも住宅を求めるデモがあったので、政府は住宅建設を約束した。私たちも政府に声を届けることができるはずだ。

政策立案者やメディアが住宅問題を取り上げることに期待したい、日本でもＮＰＯがさまざまな取組みを行っているが、ＮＰＯや社会企業、大学が住宅問題の解決に果たす役割についてはアメリカの事例から学ぶことが多い（青山 2013; 吉田 2013）。多様なアクターが協力するためには、人びとが住宅問題について関心を持つことがきっかけとなるだろう。

⑥住宅におけるジェンダー平等をより高める。

住宅ローンを夫婦共同で組めば土地や建物の持ち分を共有できる。ただし、夫婦とも団体信用生命保険に加入できるのは特別な場合に限られる。損害保険も同様であろう。これが人びとの不安の原因にもなっている。一九九〇年代には専業主婦世帯と共働き世帯の数が逆転し、現在では共働き世帯のほうが多いにもかかわらず、保険のあり方は専業主婦世帯（男性稼ぎ主モデル）が主流だった時代のままのようだ。夫婦がともに住宅ローンを負担し、女性も自分名義の財産を持つことはジェンダー平等の観点から重要である。

私たちが当たり前だと考えている「新築持家社会」は戦後に生まれた新しい伝統に過ぎない。人口減少社会において簡単な解決策はないが、「Decent and Affordable Housing（良質かつ手ごろな価格の住宅）」

は誰も取り残さない、より平等な社会を実現するための切り札であり、私たち一人一人が住宅の問題を考えることが求められている。

注

（1）リグニー（Rigney 2010）はほかにも地域環境、人種的棲み分け、所有者の人種による住宅評価額の違い、貧困層ほどより多くの住居費を支払うことを「マタイ効果」の例として挙げる。また、大沢（2020: 245）は「一九八〇年代の日本の社会保障制度改革が企業中心社会の確立を支え、かつ促進」し、この時期「恵まれた人はより有利に、そうでない人は落ちこぼしもやむなし」というしくみが強められたと指摘する。

（2）岩間（2021）は新型コロナウイルス・パンデミックと「近代家族」への回帰、そして「家族」の肥大化について指摘した。

（3）家族の多様化について嶋﨑（2013）は「標準家族世帯」モデルは温存されたまま、「多様化」言説が巨大化しているとみる。

（4）第4章の分析では親から生前贈与を受け取った経験がある対象者は少なかった。しかし、調査票の別の項目で住宅の購入あるいは増改築に関する援助について尋ねると、援助を受けたと答えたケースは増える。

（5）なお、持家の有無と社会的孤立については持家のほうが孤立しているという結果と孤立していないとの結果が混在している。一部は質問内容の違いによるものであろう（みずほリサーチ&テクノロジーズ 2021; 内閣官房孤独・孤立対策担当室 2023）

（6）高齢化が進む団地の活性化を兼ねて安い家賃とし、NPOと連携して住宅付き就職支援プロジェクトを進めたりする大阪府の例もあるが（二〇二〇年三月四日付朝日新聞）、これらは15～39歳程度と対象が限られている。なお、住宅セーフティネットについては阪東（2021）や葛西（2017）参照。葛西（2017）は公的支援制度、地域、家族や友人からの支援には限界があり、ひとり親にとっては住まいとケアが一体的に供給されるシェアハウスが有効であると紹介している。

（7） 住宅ローン減税や住宅金融公庫の低利子融資は持家層に対する家賃補助といえる。社宅や社内融資も高所得層向けの補助である（城戸 1990; 丸尾 1990）。

あとがき

本書は、現代日本における家族と住宅と不平等との関係について日本社会の仕組みに焦点を当てながら考察したものである。書名にもなっている「私たちはなぜ家を買うのか」という問いを戦前から現在までの住宅政策、私たちの社会において住宅が持つ意味、そして人びとの動機や行動に共通してみられるパターン、変化や多様性に焦点を当てて論じることを目指した。他の国と共通する新自由主義的な方向への変化だけではなく、住宅を通して日本社会の特徴を明らかにしたかった。

これまで筆者は大規模な社会調査データを統計的に分析するスタイルで研究を進めてきたが、前述の問いを明らかにするためにはそれだけではまったく足りないことに気づいた。そこで、住宅政策やその背後にあるイデオロギーについても考えざるをえなくなった。さらに、インタビュー調査や参与観察も行うことで人びとの行動や価値観を重層的に捉えようと試みた。就職してから新しいテーマやスタイルにチャレンジすることは、我ながらあまりにも大胆だったと思う。そして、新たに分かったことをもう一度社会学の文脈に位置づけなおすことが必要で、どうしたらよいか思案する日々が続いた。

とはいえ、住宅問題について昔から関心がなかったわけではない。高校を卒業して、京都の予備校に通うことを決めた。狭い部屋だったが、大都市中心部での生活は新鮮だった。一年後、無事に志望校に合格したので大阪北部に引っ越した。本書でも触れた阪急電鉄のおひざ元である。戸建住宅ではないが、郊外生活を少しだけ経験することができた。二年後に阪神・淡路大震災が発生した。当時の友人・知人の多くは無事だったが、被害が大きい地域とそうではない地域には明らかな違いがあることにショックを受けた。その後、たまたま履修したのが社会階層論の演習である。この社会には構造的な不平等が存在すること、また人間の意識・価値観や行動を調査で明らかにし数式や行列でシンプルに表現できることに魅了された。演習を担当していたのは北海道大学から移って間もない白倉幸男先生だった。その後、大学院での指導をお願いしたとき、「大きく考えることが大事だから、小さくまとまらないように。私の真似をせず、別のことをするように」と励ましてくださった。また、本書でも触れた早川和男の『住宅貧乏物語』を読んでいた時、「村上さん、住宅の問題は大事だよ」とおっしゃってくださったことを昨日のように思い出す。その後、白倉先生は病を得られたので、川端亮先生にご指導いただくことになった。論文の書き方をはじめとする丁寧なご指導のほかにも、こつこつ研究をすること、理論を大事にすること、研究者であっても組織・社会・家庭の一員であることを忘れない姿勢から多くのことを学んだ。お二人の先生方以外にも大阪大学大学院人間科学研究科の先生方には熱心なご指導をいただいた。今になって当時読んだ本の意義やコメントの意味に気づくこともあり、自分のぼんやりさに恥じ入るばかりである。研究室内外の友人・知人、先輩・後輩とは一緒に勉強会をしたり、助けあったりしたことも懐かしい。

住宅というテーマに本格的に取り組んだきっかけは、最初に勤めた財団法人家計経済研究所で取り組んだ「シンガポールの家計プロジェクト」と「女性と資産に関する日英比較プロジェクト」である（財団法人家計経済研究所編 2006a, 2006b, 2006c）。日本とは大きく異なる社会で住宅がどのような役割を果たしているかを知ることは視野を大きく拡げてくれた。家計経済研究所は二〇一七年一二月に解散したが、本書で用いた「消費生活に関するパネル調査」をはじめ多くのプロジェクトに関わることができたことはかけがえのない財産である。故・木下恭輔理事長の長年にわたるサポート、上司や同僚、プロジェクトでご一緒した先生方とのつながりに改めて感謝したい。

次に勤務した東京大学社会科学研究所では石田浩先生をはじめ多くの先生方やスタッフ、研究会のメンバーから日々多くの刺激やコメントをいただいたが、共同研究は任期を終えた現在でも続いているこに厚く御礼申し上げたい。ある日、「不平等が存在することはなぜ問題か」という議論になり、私たちはいろいろな意見を述べたが、最後に石田先生は「不平等のために潜在的な能力を発揮できない人がいることが問題ではないかな」と穏やかにおっしゃった。研究・教育活動のなかで折に触れて思い出す一言である。研究会はその後メンバーが増え、新しいメンバーから学ぶことも多い。東京時代には郊外から都心への遠距離通勤を初めて経験したが、それはそれで楽しかった。

その後、ご縁があって桃山学院大学社会学部に着任することになった。学部を超えて励まし合い助け合える同僚の先生方やスタッフ、前向きな学生・院生たちと闊達な議論ができ、建学の精神である「自由と愛の精神」を感じる日々である。サバティカル（安息年の研究休暇）では、住宅政策が充実しているオランダに行くことができた。ライデン大学の江沢あや先生には素晴らしい研究環境を提供していただいたり、インタビュー調査のアドバイスをいただいたり、研究協力者のエヴァ・スプリンクハウゼンさんをご紹介いただいた。エヴァさんはデータの整理だけではなく、オランダ社会の実態を詳しく教えてくださった。オランダ語教室の友人たちとはお互いに励まし合ったり、休日にはそれぞれの国の料理を作りあったりしたことは忘れられない思い出である。他方、オランダ語教室のクラスメート、そしてマルクト（市場）で接した人びと、調査対象者のなかにはシリアをはじめとする中東などからの難民が多く、働きながらオランダ社会に適応しようと必死だった。彼ら／彼女らが経験した人生でのさまざまな出来事、とりわけ戦争や紛争が人生に与える傷の深さには言葉を失った。戦争や紛争が収束することを願うばかりである。その他、オランダ滞在中には多くの方のご自宅を訪問したり、お話を聞かせていただいたりした。福島県人会との思わぬご縁もあった。何よりもオランダ社会の自由と寛容さに感銘を受けた。それと同時に、自由と寛容を理念とするオランダ社会が急速に変化していることをまざまざと知り、帰国後に改めて勉強し直した。そのため、本書をまとめるまで思いのほか時間がかかってしまった。住宅を軸として家族研究と社会階層研究を接合することを目指してきたが、筆者の力不足ゆえカバーできていない部分も多い。まだまだ道半ばであるが、これからも国内外の研究者と協力して住宅研究に取り組んでいきたい。

本書は大阪大学大学院人間科学研究科に提出した博士論文に加筆修正したものである。主査の吉川徹先生、副査の山田陽子先生にはお忙しいところ審査の労をお取りいただき、貴重なコメントと温かい励ましをいただいた。川端先生には審査だけではなく、学位申請に関する諸々の事務手続きも担っていただいた。出版にあたっては、桃山学院大学学術出版助成図書（二〇二三年度）の助成を受けている。

いくつかの大規模調査プロジェクトに参加し、もっぱら共著を書いてきた筆者にとって本書は初めての単著である。もともとは勁草書房の松野菜穂子さんからずいぶん前に単著のお誘いをいただいていた。書きあぐねているうちに本シリーズの企画が立ち上がったのでシリーズ中の一冊に加えていただくことになった。そして、松野さん、渡邊光さんから編集を引き継いだ伊從文さんのおかげでようやく本書をまとめることができた。伊從さんからの励まし、貴重なコメントや丁寧な編集がなければ本書は日の目を見ることはなかった。

初出は次のとおりである。

第1章 「日本の人口変動・家族変動と住宅政策」『桃山学院大学社会学論集』54(2)号所収(二〇二一年)
第2章 書き下ろし
第3章 「住宅取得のタイミングと職業・家族の役割」『理論と方法』23(1)号所収(二〇〇八年)
第4章 書き下ろし
第5章 「住宅所有とライフスタイル」『桃山学院大学総合研究所紀要』39(2)(二〇一四年)
終 章 書き下ろし

書き下ろしも含まれるが、第85回・第95回日本社会学会、第30回家族社会学会、二〇〇七年度家計経済研究所ユーザー会、東北大学のセミナーをはじめ、いろいろなところで報告をしたり、原稿を読んでいただき、そのたびに貴重な質問やコメントをいただいたことに改めて感謝したい。とりわけ関西家族社会学研究会（代表・野々山久也先生）には院生時代からお世話になり、さまざまなテーマ、アプローチ、理論に接することができた。その他、事実の確認について尋ねたらすぐに教えてくださった友人・知人、政府統計の関係者にはお礼の言葉もない。

高校卒業後、筆者はすぐに家を離れた。のびのびと好きなことをさせてくれた両親やきょうだい、親族、とくに最初の読者として原稿を読んでコメントをくれ、一緒に議論をし、明るい家庭を作ってくれる夫と二匹の猫たちには感謝している。

最後に、質問紙調査やインタビューに応じてくださった方々、研究に協力してくださった友人・知人、中央調査社、日経リサーチ社のサポートに改めて感謝したい。

本書の分析のために、慶應義塾大学パネルデータ設計・解析センターによる「消費生活に関するパネル調査（ＪＰＳＣ）」の個票データの提供を受けた。また、東京大学社会科学研究所による「働き方とライフスタイルの変化に関する全国調査」のパネル調査データの使用にあたっては東大社研パネル運営委員会の許可を受けた。同調査は日本学術振興会（ＪＳＰＳ）科学研究費補助金・特別推進研究（25000001、18H05204）、基盤研究（Ｓ）（18103003、22223005）の助成を受けたものである。実施にあたっては、社会科学研究所研究資金、株式会社アウトソーシングからの奨学寄付金を受けた。

その他の本研究に対する助成は以下のとおりである（研究代表者だけではなく、研究分担者、連携研究者・研究協力者分を含む)。

・独立行政法人日本学術振興会(JSPS)科学研究費補助金 基盤研究(B)(20H01578、16H03691)、基盤研究(C)(18530395、15K03826)、若手(B)(22730380)、若手研究スタートアップ(20830022)

・独立行政法人日本学術振興会(JSPS)課題設定による先導的人文学・社会科学研究推進事業「グローバル化のなかの都市分断と社会的紐帯に関する近隣効果の国際比較研究」

・桃山学院大学個人研究費(二〇一〇年度~二〇二一年度)

・桃山学院大学特定個人研究費(二〇一一・二〇一七年度)

・桃山学院大学海外研修制度(二〇一七年度)

二〇二三年一〇月

チャペルが見える研究室の窓から

村上あかね

索　引

さ　行

た・な　行

は　行

ま・ら　行

参考文献

Albertini, Marco, Martin Kohli and Claudia Vogel, 2007, "Intergenerational Transfers of Time and Money in European Families: Common Patterns - Different Regimes?" *Journal of European Social Policy*, 17(4): 319-34.

———— and Martin Kohli, 2013, "The Generational Contract in the Family: An Analysis of Transfer Regimes in Europe," *European Sociological Review*, 29(4): 828-40.

Allison, Paul D., 1984, *Event History Analysis: Regression for Longitudinal Event Data*, California: Sage Publications.

————, 2009, *Fixed Effects Regression Models*, California: Sage Publications.

————, 2014, "Problems with the Hybrid Method," *Statistical Horizons* (https://statisticalhorizons.com/problems-with-the-hybrid-method/, 2021 年 12 月 13 日閲覧).

青山佾，2013，『10 万人のホームレスに住まいを！——アメリカ「社会企業」の創設者ロザンヌ・ハガティの挑戦』藤原書店.

荒牧央・山本佳代・村田ひろ子，2017，「教育への期待と高齢者福祉に向けられる厳しい目——ISSP 国際比較調査『政府の役割』・日本の結果から」『放送研究と調査』MAY: 54-69.

荒牧草平，2023，『子育て世代のパーソナルネットワーク——孤立・競争・共生』勁草書房.

阪東美智子，2021，「社会保障としての住宅政策——住宅行政と福祉行政の手段と体系」田辺国昭・岡田徹太郎・泉田信行監修／国立社会保障・人口問題研究所編『日本の居住保障——定量分析と国際比較から考える』慶應義塾大学出版会，21-41.

Bauman, Zygmunt, 2001, *The Individualized Society*, Cambridge: Polity Press.（澤井敦・菅野博史・鈴木智之訳，2008，『個人化社会』青弓

社.）
Beck, Ulrich, 1986, *Risikogesellschaft: Auf dem Weg in eine andre Moderne*, Frankfurt: Suhrkamp Verlag.（東廉・伊藤美登里訳，1998，『危険社会――新しい近代への道』法政大学出版局.）
――――，2001, “A Life of One's Own in a Runaway World: Individualization, Globalization and Politics,” Beck, Ulrich and Elisabeth Beck-Gernsheim eds., *Individualization: Institutionalized Individualism and its Social and Political Consequences,* London: Sage Publications.（中村好孝・荻野達史・川北稔・工藤宏司・高山龍太郎・吉田竜司・玉本拓郎・有本尚央訳，2022，「暴走する世界における自分独自の人生――個人化，グローバリゼーション，政治」『個人化の社会学』ミネルヴァ書房，39–52.）
―――― and Elisabeth Beck-Gernsheim, 2001, “Losing the Traditional: Individualization and 'Precarious Freedoms',” *Individualization: Institutionalized Individualism and its Social and Political Consequences,* London: Sage Publications.（中村好孝・荻野達史・川北稔・工藤宏司・高山龍太郎・吉田竜司・玉本拓郎・有本尚央訳，2022，「伝統的なものの喪失――個人化と『あやうい自由』」『個人化の社会学』ミネルヴァ書房，1–38.）
――――，2011，「リスク社会における家族と社会保障」ウルリッヒ・ベック／鈴木宗徳／伊藤美登里編『リスク化する日本社会――ウルリッヒ・ベックとの対話』岩波書店，73–87.
Bengtson, Vern, L. and Robert A. Harootyan eds., 1994, *Intergenerational Linkages: Hidden Connections in American Society*, New York: Springer Publishing Company.
Bernardi, Fabrizio and Teresio Poggio, 2004, “Home Ownership and Social Inequality in Italy,” Kurz, Karin and Hans-Peter Blossfeld eds., *Home Ownership and Social Inequality in Comparative Perspective*, California: Stanford University Press, 187–232.
Bourdieu, Pierre ed., 1993, *La Misère du Monde*, Paris: Éditions du Seuil.（荒井文雄・櫻本陽一監訳，2019・2020，『世界の悲惨Ⅰ・Ⅱ・Ⅲ』藤原書店.）

―――――, 2000, *Les Structures Sociales de l'economie*, Paris: Éditions du Seuil.（山田鋭夫・渡辺純子訳, 2006,『住宅市場の社会経済学』藤原書店.）

―――――, 2002, *Le Bal des Célibataires: Crise de la Société Paysanne en Béarn*, Paris: Éditions du Seuil.（丸山茂・小島宏・須田文明訳, 2007,『結婚戦略――家族と階級の再生産』藤原書店.）

Brandt, Martina and Christian Deindl, 2013, "Intergenerational Transfers to Adult Children in Europe: Do Social Policies Matter?" *Journal of Marriage and Family*, 75(1): 235–51.

Brown, Wendy, 2015, *Undoing the Demos: Neoliberalism's Stealth Revolution*, New York Zone Books.（中井亜佐子訳, 2017,『いかにして民主主義は失われていくのか――新自由主義の見えざる攻撃』みすず書房.）

文化庁, 2012,「連載言葉のQ&A――『情けは人のためならず』の意味」『文化庁月報』No. 522（https://www.bunka.go.jp/pr/publish/bunkachou_geppou/2012_03/series_08/series_08.html, 2023年9月15日閲覧.）

Castles, Francis G., 1998, "The Really Big Trade-Off: Home Ownership and the Welfare State in the New World and the Old," *Acta Politica*, 33(1): 5–19.

Clapham, David F., William A. V. Clark, and Kenneth Gibb eds., 2012, *The SAGE Handbook of Housing Studies*, California: Sage Publications.

Clausen, John A., 1986, *The Life Course: A Sociological Perspective*, New Jersey: Prentice-Hall.（佐藤慶幸・小島茂訳, 1987,『ライフコースの社会学』早稲田大学出版部.）

Dewilde, Caroline, 2017, "Do Housing Regimes Matter? Assessing the Concept of Housing Regimes through Configurations of Housing Outcomes," *International Journal of Social Welfare*, 26: 384–404.

DiPrete, Thomas A. and Gregory M. Eirich, 2006, "Cumulative Advantage as a Mechanism for Inequality: A Review of Theoretical and Empirical Developments," *Annual Review of Sociology*, 32: 271–97.

Donzelot, Jacques, 2006, *Quand la Ville se Défait: Quelle Politique Face à la Crise des Banlieues?* Paris: Editions du Seuil.（宇城輝人訳, 2012,

『都市が壊れるとき――郊外の危機に対応できるのはどのような政治か』人文書院.）
Ende, Michael, 1973, *Momo, oder, Die seltsame Geschichte von den Zeit-Dieben und von dem Kind, das den Menschen die gestohlene Zeit zurückbrachte : ein Märchen-Roman*, Stuttgart: Thienemann.（大島かおり訳, 1976,『モモ』岩波書店.）
Engels, Friedrich, 1872, *Zur Wohnungsfrage*.（大内兵衛訳, 1949,『住宅問題』岩波書店.）
Ermisch, John and Brendan Halpin, 2004, "Home Ownership and Social Inequality in Britain," Kurz, Karin and Hans-Peter Blossfeld eds., *Home Ownership and Social Inequality in Comparative Perspective*, California: Stanford University Press, 255–80.
Esping-Andersen, Gøsta, 1990, *The Three Worlds of Welfare Capitalism*, Cambridge: Polity Press.（岡沢憲芙・宮本太郎監訳, 2001,『福祉資本主義の三つの世界――比較福祉国家の理論と動態』ミネルヴァ書房.）
――――, 1999, *Social Foundations of Postindustrial Economies*, Oxford: Oxford University Press.（渡辺雅男・渡辺景子訳, 2000,『ポスト工業経済の社会的基礎――市場・福祉国家・家族の政治経済学』桜井書店.）
Estévez-Abe, Margarita, 2008, *Welfare and Capitalism in Postwar Japan*, Cambridge: Cambridge University Press.
Finch, Janet and Jennifer Mason, 1993, *Negotiating Family Responsibilities*, London: Routledge.
――――, Jennifer Mason, Judith Masson, Lorraine Wallis, and Lynn Hayes, 1996, *Wills, Inheritance and Families*, Oxford: Clarendon Press Oxford.
Ford, Janet, Roger Burrows, and Sarah Nettleton, 2001, *Home Ownership in a Risk Society: A Social Analysis of Mortgage Arrears and Possessions*, Bristol: The Policy Press.
Fritzell, Johan and Carin Lennartsson, 2005, "Financial Transfer between Generations in Sweden," *Ageing and Society*, 25(6): 397–414.

不動産経済研究所，2023，「超高層マンション動向 2023」（https://www.fudousankeizai.co.jp/share/mansion/546/mdn20230516.pdf，2023 年 10 月 4 日閲覧）.

不動産流通経営協会，2022，「不動産流通業に関する消費者動向調査〈第 27 回（2022 年度）〉」（https://www.frk.or.jp/information/2022shouhisha_doukou.pdf，2023 年 9 月 17 日閲覧）.

藤原翔，2015，「教育意識の基礎的パネルデータ分析」『東京大学社会科学研究所パネル調査プロジェクトディスカッションペーパーシリーズ No. 92』（https://csrda.iss.u-tokyo.ac.jp/panel/dp/PanelDP_092Fujihara.pdf）.

福田節也，2009，「イベントヒストリー分析におけるパネル脱落の影響について――『消費生活に関するパネル調査』における結婚の分析事例より」『家計経済研究』84: 69–79.

Florida, Richard, 2008, *Who's Your City? : How the Creative Economy is Making Where to Live: The Most Important Decision of Your Life*, New York: Basic Books.（井口典夫訳，2009，『クリエイティブ都市論――創造性は居心地のよい場所を求める』ダイヤモンド社.）

Giddens, Anthony, 1991, *Modernity and Self-Identity: Self and Society in the Late Modern Age*, Cambridge: Polity Press.（秋吉美都・安藤太郎・筒井淳也訳，2021,『モダニティと自己アイデンティティ――後期近代における自己と社会』筑摩書房.）

Giele, Janet Zollinger and Glen H. Elder, 1998, "Life Course Research: Development of a Field," Giele, Janet Zollinger and Glen H. Elder eds., *Methods of Life Course Research: Qualitative and Quantitative Approaches*, Thousand Oaks: Sage Publications.（「ライフコース研究――ひとつの分野の発展」正岡寛司・藤見純子訳，2003，『ライフコース研究の方法――質的ならびに量的アプローチ』明石書店，43–77.）

Goffman, Erving, 1963, *Stigma : Notes on the Management of Spoiled Identity*, New York : Simon and Schuster.（石黒毅訳，2012，『スティグマの社会学：烙印を押されたアイデンティティ』せりか書房）.

Groves, Richard, Alan Murie, and Christopher Watson eds.,2007, *Housing*

and the New Welfare State: Perspectives from East Asia and Europe, London: Routledge.
———, 2007a, "Four Worlds of Welfare and Housing," Groves, Richard, Alan Murie, and Christopher Watson eds. *Housing and the New Welfare State: Perspectives from East Asia and Europe*, London: Routledge, 1–14.
———, 2007b, "From Tenants to Home-Owners: Changes in the Old Welfare States," Groves, Richard, Alan Murie, and Christopher Watson eds., *Housing and the New Welfare State: Perspectives from East Asia and Europe*, London: Routledge, 177–93.
Gulbrandsen, Lars, 2004, "Home Ownership and Social Inequality in Norway," Kurz, Karin and Hans-Peter Blossfeld eds., *Home Ownership and Social Inequality in Comparative Perspective*, California: Stanford University Press, 166–86.
濱秋純哉，2020，「日本における親子間贈与の決定要因——個票パネルデータに基づく実証分析」法政大学比較経済研究所・濱秋純哉編『少子高齢社会における世代間移転と家族』日本評論社，45–69.
Hamnett, Chris, 1996, "Housing Inheritance in Britain: its Scale, Size and Future," Walker, Alan ed., *The New Generational Contract: Intergenerational Relations, Old Age and Welfare*, London: Routledge, 135–58.
原田純孝，1985，「戦後住宅法制の成立過程——その政策論理の批判的検証」東京大学社会科学研究所編『福祉国家——日本の社会と福祉』東京大学出版会，317–96.
原純輔・盛山和夫，1999，『社会階層——豊かさの中の不平等』東京大学出版会.
原武史，1998，『「民都」大阪対「帝都」東京』講談社.
———，2019，『レッドアローとスターハウス——もうひとつの戦後思想史【増補新版】』新潮社.
長谷田一平編，2015，『フォトアーカイブ昭和の公団住宅——団地新聞の記者たちが記録した足跡』智書房.
Harootyan, Robert A., and Robert E. Vorek, 1994, "Volunteering, Helping and Gift Giving in Families and Communies," Bengtson, Vern, L. and

Robert A. Harootyan eds., *Intergenerational Linkages: Hidden Connections in American Society*, New York: Springer Publishing Company, 77–111.
長谷川貴彦，2017，『イギリス現代史』岩波書店.
早川和男，1979，『住宅貧乏物語』岩波書店.
Hayden, Dolores, 1984, *Redesigning the American Dream: The Future of Housing, Work, and Family Life*, New York: W.W. Norton.（野口美智子・梅宮典子・桜井のり子・佐藤俊郎訳，1991，『アメリカン・ドリームの再構築――住宅，仕事，家庭生活の未来』勁草書房.）
平山洋介，2006，『東京の果てに』NTT 出版.
――――，2009，『住宅政策のどこが問題か――〈持家社会〉の次を展望する』光文社.
――――，2020a，『マイホームの彼方に――住宅政策の戦後史をどう読むか』筑摩書房.
――――，2020b，『「仮住まい」と戦後日本――実家住まい・賃貸住まい・仮設住まい』青土社.
Hogan, Dennis, P., 1985, "The Demography of Life-Span Transitions: Temporal and Gender Comparisons," Rossi, Alice S. ed., *Gender and the Life Course*, New York: Aldine, 65–78.
本間義人，1987，『住宅（産業の昭和社会史 5）』日本経済評論社.
――――，1988，『内務省住宅政策の教訓――公共住宅論序説』御茶の水書房.
――――，2004，『戦後住宅政策の検証』信山社.
Horioka, Charles Yuji, Akane Murakami, and Miki Kohara, 2002, "How Do the Japanese Cope with Risk?" *Seoul Journal of Economics*, 15: 1–30.
細尾忠生，2008，「英国経済の長期拡大の要因について」『季刊政策・経営研究』1: 139–57.
稲葉和也，2014，「住宅」橘川武郎・平野創・板垣暁編『日本の産業と企業――発展のダイナミズムをとらえる』有斐閣，208–29.
猪木武徳，2013，『経済成長の果実――1955 ～ 1972（日本の近代 7）』中央公論新社.
猪瀬直樹，2002a，『ミカドの肖像（日本の近代 猪瀬直樹著作集 5）』小

学館.
――――, 2002b,『土地の神話（日本の近代 猪瀬直樹著作集 6)』小学館.
一般社団法人日本家政学会編, 2021,『住まいの百科事典』丸善出版.
一般社団法人全国住宅ローン救済・任意売却支援協会, n. d., (https://www.963281.or.jp/, 2023 年 9 月 17 日閲覧).
石田浩, 2020,「健康格差はいかに生成されるのか？――ライフコースの流れに着目して」石田浩・有田伸・藤原翔編『人生の歩みを追跡する――東大社研パネル調査でみる現代日本社会』勁草書房, 83-106.
石原邦雄, 1991,「研究目的・概念枠組・研究方法」, 森岡清美・青井和夫編『現代日本人のライフコース』日本学術振興会, 17-28.
石島健太郎, 2019,「団地での母親の子育て」渡邊大輔・相澤真一・森直人／東京大学社会科学研究所附属社会調査・データアーカイブ研究センター編『総中流の始まり――団地と生活時間の戦後史』青弓社, 44-72.
石川由香里, 2022,「若者の性と性別役割分業意識――就労後の影響・学校性教育の影響」, 林雄亮・石川由香里・加藤秀一編『若者の性の現在地――青少年の性行動全国調査と複合的アプローチから考える』勁草書房, 25-44.
岩間暁子, 2008,『女性の就業と家族のゆくえ――格差社会のなかの変容』東京大学出版会.
――――, 2021,「新型コロナウイルスと『家族』――『近代家族』への回帰と『家族』の肥大化」『作業療法ジャーナル』55(7): 660-1.
岩田正美, 2000,『ホームレス／現代社会／福祉国家――「生きていく場所」をめぐって』明石書店.
井関和朗, 2015,「萌芽期」山口幹幸・川崎直宏編『人口減少時代の住宅政策――戦後 70 年の論点から展望する』鹿島出版会, 21-47.
Izuhara, Misa, 2009, *Housing, Care and Inheritance*, London: Routledge.
住宅金融支援機構, 2023,『住宅ローン利用者の実態調査【住宅ローン利用者調査（2023 年 4 月調査)】』(https://www.jhf.go.jp/files/400366409.pdf)

住宅宅地審議会，2000，「21世紀の豊かな生活を支える住宅・宅地政策について」（https://www.mlit.go.jp/jutakukentiku/house/press/h12/120621-0.htm，2023年1月23日確認）．
蒲池紀生，2008，『不動産業の歴史入門』住宅新報社．
鹿又伸夫，2001，『機会と結果の不平等——世代間移動と所得・資産格差』ミネルヴァ書房．
川田菜穂子・平山洋介，2016，「所得格差と相対的貧困の拡大における住居費負担の影響——住居費控除後所得（After-housing income）を用いた実証分析を通じて」『住総研研究論文集』42: 215-25.
慶應義塾大学パネルデータ設計・解析センター，n.d.「消費生活に関するパネル調査（JPSC）」（https://www.pdrc.keio.ac.jp/paneldata/datasets/jpsc/，2022年10月25日閲覧）．
Kemeny, Jim, 1980, "Homeownership and Privatization", *International Journal of Urban and Regional Research*, 4(3): 372-88.
————, 1981, *The Myth of Homeownership: Private versus Public Choices in Housing Tenure*, London: Routledge Kegan & Paul.
————, 1992, *Housing and Social Theory*, London: Routledge.（祐成保志訳，2014，『ハウジングと福祉国家——居住空間の社会的構築』新曜社.）
————, 1995, *From Public Housing to the Social Market: Rental Policy Strategies in Comparative Perspective*, London: Routledge.
————, 2005, ""The Really Big Trade - Off" between Home Ownership and Welfare: Castles' Evaluation of the 1980 Thesis, and a Reformulation 25 Years On," *Housing, Theory & Society*, 22(2): 59-75.
————, 2006, "Corporatism and Housing Regimes," *Housing, Theory and Society*, 23(1): 1-18.
Kemp, Peter A., 2007, *Housing Allowances in Comparative Perspective*, Bristal: Policy Press.
城戸喜子，1990，「住宅政策評価への再分配的視点——住宅補助金受給層の分析」社会保障研究所編『住宅政策と社会保障』東京大学出版会，75-106.
吉川徹，2019，『学歴と格差・不平等——成熟する日本型学歴社会［増

補版]』東京大学出版会.
木本喜美子，1995，『家族・ジェンダー・企業社会——ジェンダー・アプローチの模索』ミネルヴァ書房.
小林江里香・Jersey Liang, 2007,「子どもへの資産提供と老親介護——後期高齢者の全国調査の分析より」『家計経済研究』74: 13–24.
小林一三，2016，『逸翁自叙伝——阪急創業者・小林一三の回想』講談社.
小玉徹，2010，『福祉レジームの変容と都市再生——雇用と住宅の再構築を目指して』ミネルヴァ書房.
Kohli, Martin, 1999, "Private and Public Transfers between Generations: Linking the Family and the State," *European Societies*, 1(1): 81–104.
小島庸平，2021，『サラ金の歴史——消費者金融と日本社会』中央公論新社.
国土交通省，2020，『平成 30 年住生活総合調査結果』(https://www.mlit.go.jp/jutakukentiku/house/content/001358448.pdf，2023 年 1 月 25 日閲覧).
————，2022，『令和 4 年度住宅経済関連データ』(https://www.mlit.go.jp/statistics/details/t-jutaku-2_tk_000002.html，2023 年 1 月 26 日閲覧).
————，2023，「住宅着工統計」(https://www.e-stat.go.jp/stat-search/files?page=1&toukei=00600120&tstat=000001016966，2023 年 1 月 25 日閲覧).
————，n.d.,「住宅セーフティネット制度について」(https://www.mlit.go.jp/jutakukentiku/house/jutakukentiku_house_tk3_000055.html#，2023 年 9 月 25 日閲覧).
国土交通省住宅局，2016，「社会資本整備審議会住宅宅地分科会　新たな住宅セーフティネット検討小委員会参考資料」(https://www.mlit.go.jp/common/001139782.pdf，2020 年 11 月 27 日閲覧).
国土交通省土地・建設産業局，n.d.「宅地供給・ニュータウン」(https://www.mlit.go.jp/totikensangyo/totikensangyo_tk2_000065.html，2020 年 11 月 27 日閲覧).
国立公文書館 , n.d.,「戦災と復興計画」(https://www.archives.go.jp/ex-

hibition/digital/saigai/contents/05_160.html, 2023 年 9 月 17 日閲覧).
国立社会保障・人口問題研究所, 2021,「社会保障費用統計」(https://www.ipss.go.jp/site-ad/index_Japanese/security.asp, 2023 年 9 月 17 日閲覧).
――――, 2022a,『第 16 回出生動向基本調査(結婚と出産に関する全国調査)(https://www.ipss.go.jp/ps-doukou/j/doukou16/doukou16_gaiyo.asp, 2023 年 1 月 24 日閲覧).
――――, 2022b,「人口統計資料集 2022 年版」(https://www.ipss.go.jp/syoushika/tohkei/Popular/Popular2022.asp?chap=0, 2023 年 1 月 26 日閲覧).
König, Ronny, Bettina Isengard, and Marc Szydlik, 2020, "Social Inequality and Intergenerational Solidarity in European Welfare States: Experiences and Coping Strategies in Europe," Česnuitytė, Vida, and Gerardo. Meil eds., *Families in Economically Hard Times: Experiences and Coping Strategies in Europe*, Bingley: Emerald Publishing, 58–87.
厚生労働省, 2023,「第 1 ~ 17 回生命表」(https://www.mhlw.go.jp/toukei/list/list54-57.html, 2023 年 6 月 24 日閲覧).
――――, n.d.,「住居確保給付金」(https://corona-support.mhlw.go.jp/jukyokakuhokyufukin/index.html, 2022 年 1 月 13 日閲覧).
Kurz, Karin, 2004, "Home Ownership and Social Inequality in West Germany," Kurz, Karin and Hans-Peter Blossfeld eds., *Home Ownership and Social Inequality in Comparative Perspective*, California: Stanford University Press, 21–60.
―――― and Hans-Peter Blossfeld, 2004, "Introduction: Social Stratification, Welfare Regimes, and Access to Home Ownership," Kurz, Karin and Hans-Peter Blossfeld eds., *Home Ownership and Social Inequality in Comparative Perspective*, California: Stanford University Press, 1–20.
―――― and Hans-Peter Blossfeld, eds., 2004, *Home Ownership and Social Inequality in Comparative Perspective*, California: Stanford University Press.
葛西リサ, 2017,『母子世帯の居住貧困』日本経済評論社.

Laub, John H. and Robert J. Sampson, 1998, "Integrating Quantitative and Qualitative Data," Giele, Janet Zollinger and Glen H. Elder eds., *Methods of Life Course Research: Qualitative and Quantitative Approaches*, California: Sage Publications.（「量的データと質的データの統合」正岡寛司・藤見純子訳，2003，『ライフコース研究の方法——質的ならびに量的アプローチ』明石書店，359-85.）

Lazzarato, Maurizio, 2011, *La Fabrique de l'homme Endetté: Essai sur la Condition Néolibérale,* Amsterdam: Éditions Amsterdam.（杉村昌昭訳，2012，『〈借金人間〉製造工場——負債の政治経済学』作品社.）

Leavitt, Sarah A, 2002, *From Catharine Beecher to Martha Stewart: A Cultural History of Domestic Advice*, North Carolina: The University of North Carolina Press.（岩野雅子／永田喬／エィミー・D・ウィルソン訳，2014，『アメリカの家庭と住宅の文化史——家事アドバイザーの誕生』勁草書房.）

Leopold, Thomas and Thorsten Schneider, 2011, "Family Events and the Timing of Intergenerational Transfers," *Social Forces*, 90(2): 595-616.

Lowe, Stuart, 2011, *The Housing Debate,* Bristol: The Policy Press.（祐成保志訳，2017，『イギリスはいかにして持ち家社会となったか——住宅政策の社会学』ミネルヴァ書房.）

町村敬志，2020，『都市に聴け——アーバン・スタディーズから読み解く東京』有斐閣.

Manzo, Lidia KC, Oana Druta, and Richard Ronald, 2018, "Supported Home Ownership and Adult Independence in Milan: The Gilded Cage of Family Housing Gifts and Transfers," *Sociology*, 53(3): 519-37.

丸尾直美，1990，「住宅政策と福祉——社会保障との関係を中心に」社会保障研究所編『住宅政策と社会保障』東京大学出版会，3-21.

丸山里美，2021，『女性ホームレスとして生きる——貧困と排除の社会学［増補新装版］』世界思想社.

Masnick, George, S., 2004, "Home Ownership and Social Inequality in the United States," Kurz, Karin and Hans-Peter Blossfeld eds., *Home Ownership and Social Inequality in Comparative Perspective*, California: Stanford University Press, 304-37.

松田妙子，1998，『家をつくって子を失う――中流住宅の歴史・子供部屋を中心に』財団法人住宅産業研修財団.

松沢裕作，2018，『生きづらい明治社会――不安と競争の時代』岩波書店.

Matznetter, Walter and Alexis Mundt, 2012, "Housing and Welfare Regimes," Clapham, David F., William A. V. Clark, and Kenneth Gibb eds., *The SAGE Handbook of Housing Studies*, California: Sage Publications, 274–94.

Mayer, Karl Ulrich, 2005, "Life Courses and Life Chances in a Comparative Perspective," Svallfors, Stefan ed. *Analyzing Inequality: Life Chances and Social Mobility in Comparative Perspective*, California: Stanford University Press, 17–55.

御船美智子，2006，「女性の金融資産と住宅所有」財団法人家計経済研究所編『女性のライフコースと住宅所有』，71–89.

Meron, Monique and Daniel Courgeau, 2004, "Home Ownership and Social Inequality in France," Kurz, Karin and Hans-Peter Blossfeld eds., *Home Ownership and Social Inequality in Comparative Perspective*, California: Stanford University Press, 61–78.

三谷鉄夫・盛山和夫，1985，「都市家族の世代間関係における非対称性の問題」『社会学評論』36(3): 335–49.

三浦展，1999，『「家族」と「幸福」の戦後史――郊外の夢と現実』講談社.

三宅醇，1996，「人口・家族の変化と住宅需給」岸本幸臣・鈴木晃編『講座現代居住 2　家族と住居』東京大学出版会，205–35.

薬袋奈美子・藤沢美恵子・土屋依子，2015，「民鉄開発住宅地のエリアマネジメントの萌芽と今後の方向性に関する一考察――首都圏大手民鉄 7 社の住宅地供給経過を踏まえて」『日本女子大学大学院紀要 家政学研究科・人間生活学研究科』21: 175–85.

宮本太郎，2003，「福祉レジーム論の展開と課題――エスピン・アンデルセンを越えて？」埋橋孝文編『講座 福祉国家のゆくえ 2 比較のなかの福祉国家』ミネルヴァ書房，11–41.

三輪哲・山本耕資，2012，「世代内階層移動と階層帰属意識――パネル

データによる個人内変動と個人間変動の検討」『理論と方法』27(1): 63–83.
みずほリサーチ&テクノロジーズ，2021，『社会的孤立の実態・要因等に関する調査分析等研究事業報告書（厚生労働省令和2年度社会福祉推進事業）』(https://www.mhlw.go.jp/content/12200000/000790673.pdf, 2023年9月17日閲覧).
水島治郎，2016，『ポピュリズムとは何か——民主主義の敵か，改革の希望か』中央公論新社.
森千香子，2016，『排除と抵抗の郊外——フランス〈移民〉集住地域の形成と変容』東京大学出版会.
森泉陽子，2004，「家計の住宅購入タイミングの決定」『季刊住宅土地経済』53: 10–17.
————・直井道生，2006，「贈与税制の変更は若年家計の住宅購入を促進したか」樋口美雄・慶應義塾大学経商連携21世紀COE編『日本の家計行動のダイナミズムⅡ』慶応義塾大学出版会，99–128.
森岡清美・青井和夫編，1991，『現代日本人のライフコース』日本学術振興会.
Mulder, Clara H., 2004, "Home Ownership and Social Inequality in Netherlands," Kurz, Karin and Hans-Peter Blossfeld eds., *Home Ownership and Social Inequality in Comparative Perspective*, California: Stanford University Press, 114–40.
村上あかね，2006a，「相続期待と援助意向、家計からみた世代間関係」『家計経済研究』72: 12–20.
————，2006b，「社会階層と資産所有」財団法人家計経済研究所編『女性のライフコースと住宅所有』，107–24.
————，2007，「子育て期の家族・家計・住宅」『都市住宅学』56: 7–11.
————，2017，「脱落理由の内容分析——『消費生活に関するパネル調査』24年間の分析から」『家計経済研究』114: 48–56.
————，2019，「オランダの住宅政策と規制緩和・民営化の影響について」『家族社会学研究』31(1): 72–7.
————，2023，「コロナ・パンデミックと住宅問題」遠藤薫・山田真茂留・有田伸・筒井淳也編『災禍の時代の社会学——コロナ・パン

デミックと民主主義』，東京大学出版会，51-65.
Murakami, Akane, 2012, “Change in Family Life Resulting from the Unemployment of the Husband,” *Japan Labor Review*, 9(2): 23-40.
中村尚史，2007，「郊外宅地開発の開始」橘川武郎・粕谷誠編『日本不動産業史――産業形成からポストバブル期まで』名古屋大学出版会，47-64.
中西啓喜，2017，「育児戦略の効果は母学歴によって異なるか？――学力パネルデータを用いたハイブリッドモデルによる検証」『応用社会学研究』59: 241-52.
中澤渉，2012，「なぜパネルデータを分析するのが必要なのか――パネル・データ分析の特性の紹介」『理論と方法』27(1): 23-40.
永吉希久子，2017，「非家族ネットワーク喪失の規定要因におけるジェンダー差――固定効果モデルを用いた失業と貧困の効果の検証」『理論と方法』32(1): 114-26.
内閣府，2015，「住生活に関する世論調査（平成27年10月調査）」(https://survey.gov-online.go.jp/h27/index-h27.html，2023年10月11日閲覧).
――――，n.d.,「消費動向調査」(https://www.esri.cao.go.jp/jp/stat/shouhi/menu_shouhi.html，2023年1月26日閲覧.)
――――，2023，「国民生活に関する世論調査（令和4年10月調査）」(https://survey.gov-online.go.jp/r04/r04-life/index.html，2023年9月17日閲覧).
内閣官房孤独・孤立対策担当室，2023，「人々のつながりに関する基礎調査（令和4年）」(https://www.cas.go.jp/jp/seisaku/kodoku_koritsu_taisaku/zittai_tyosa/zenkoku_tyosa.html，2023年9月17日閲覧).
直井道子・小林江里香・Liang Jersey，2006，「子どもからのサポートと遺産相続――夫と死別した女性高齢者の場合」『老年社会科学』28(1): 21-8.
National Association of REALTORS, n.d., *Research and Statistics: Latest Housing Indicators* (https://www.nar.realtor/research-and-statistics, 2023年9月17日閲覧).
名和田是彦・松本和子，2005，「対談　都市における市民活動の展開」『家計経済研究』66: 2-11.

Neitzel, Laura, 2016, *The Life We Longed for: Danchi Housing and the Middle Class Dream in Postwar Japan*, Maine: Merwinasia.

日本住宅会議編，2008，『若者たちに「住まい」を！——格差社会の住宅問題』岩波書店．

日本の土地百年研究会・日本不動産研究所・都市環境研究所編，2003，『日本の土地百年』大成出版社．

西川祐子，1998，『借家と持ち家の文学史——「私」のうつわの物語』三省堂．

————，2004，『住まいと家族をめぐる物語——男の家，女の家，性別のない部屋』集英社．

西野淑美，2006，「女性の地域移動と住宅履歴」財団法人家計経済研究所編『女性のライフコースと住宅所有』，90–106．

西山夘三記念すまい・まちづくり文庫住宅営団研究会編，2000・2001，『戦時・戦後復興期住宅政策資料住宅営団』日本経済評論社．

落合恵美子，2019，『21 世紀家族へ［第 4 版］——家族の戦後体制の見かた・超えかた』有斐閣．

OECD, n.d., OECD Better Life Index（より良い暮らし指標）（http://www.oecdbetterlifeindex.org/, 2023 年 9 月 17 日閲覧）．

大垣尚司・三木義一・園田眞理子・馬場未織，2015，『建築女子が聞く住まいの金融と税制』学芸出版社．

大倉季久，2017，『森のサステイナブル・エコノミー——現代日本の森林問題と経済社会学』晃洋書房．

大熊道明・野田昌二，1991，「世代間の経済的援助と家族資産の継承」森岡清美・青井和夫編『現代日本人のライフコース』日本学術振興会，256–66．

大本圭野，1991，『［証言］日本の住宅政策』日本評論社．

————，1996，「居住政策の現代史」大本圭野・戒能通厚編『講座現代居住 1 歴史と思想』東京大学出版会，89–120．

小野浩，2014，『住空間の経済史——戦前期東京の都市形成と借家・借間市場』日本経済評論社．

大阪市，2023，『大阪市統計書』（令和 4 年版）（https://www.city.osaka.lg.jp/toshikeikaku/page/0000602255.html，2023 年 6 月 24 日閲覧）．

大沢真理，2007，『現代日本の生活保障システム――座標とゆくえ（シリーズ現代経済の課題）』岩波書店．
――――，2020，『企業中心社会を超えて――現代日本を〈ジェンダー〉で読む』岩波書店．
大谷信介，2020，『都市居住の社会学――社会調査から読み解く日本の住宅政策』ミネルヴァ書房．
大津唯，2021，「国際指標で見た日本の居住水準――低所得者への居住保障の脆弱性」田辺国昭・岡田徹太郎・泉田信行監修／国立社会保障・人口問題研究所編『日本の居住保障――定量分析と国際比較から考える』慶應義塾大学出版会，87–102．
Paugam, Serge, 2013, *Les Formes Élémentaires de la Pauvreté*, Paris: Presses Universitaires de France.（川野英二・中條健志訳，2016，『貧困の基本形態――社会的紐帯の社会学』新泉社．）
Rigney, Daniel, 2010, *The Matthew Effect: How Advantage Begets further Advantage*, New York: Columbia University Press.
Ronald, Richard, 2008, *The Ideology of Home Ownership: Homeowner Societies and the Role of Housing*, London: Palgrave Macmillan.
―――― and Christian Lennartz, 2018, "Housing Careers, Intergenerational Support and Family Relations," *Housing Studies,* 33(2): 147–59.
労働政策研究・研修機構，2020，『企業における福利厚生施策の実態に関する調査――企業／従業員アンケート調査結果』(https://www.jil.go.jp/institute/research/2020/203.html，2023 年 6 月 24 日閲覧）．
佐賀朝，2022，「巨大都市大阪の形成と地域社会構造」川野英二編『阪神都市圏の研究』ナカニシヤ出版，25–54．
Sainsbury, Daine, 2008, *Gender, Equality and Welfare States*, Cambridge: Cambridge University Press.
坂本和靖，2006，「サンプル脱落に関する分析――『消費生活に関するパネル調査』を用いた脱落の規定要因と推計バイアスの検証」『日本労働研究雑誌』551: 55–70．
阪野智一，2002，「自由主義的福祉国家からの脱却？――イギリスにおける二つの福祉改革」宮本太郎編『講座福祉国家のゆくえ 1 福祉国家再編の政治』ミネルヴァ書房，149–82．

Sandel, Michael J., 2020, *The Tyranny of Merit: What's Become of the Common Good?*, New York: Farrar, Straus and Giroux.（鬼澤忍訳，2021，『実力も運のうち――能力主義は正義か？』早川書房.）
Sassen, Saskia, 2001, *The Global City: New York, London, Tokyo*, Princeton: Princeton University Press.（伊豫谷登士翁監訳／大井由紀・高橋華生子訳，2008，『グローバル・シティ――ニューヨーク・ロンドン・東京から世界を読む』筑摩書房.）
佐藤岩夫，1999，『現代国家と一般条項――借家法の比較歴史社会学的研究』創文社.
――――，2009，「『脱商品化』の視角からみた日本の住宅保障システム」『社會科學研究』60(5・6): 117–41.
Saunders, Peter, 1990, *A Nation of Home Owners*, London: Unwin Hyman.
Schenk, Niels, Pearl Dykstra, and Ineke Maas, 2010, "The Role of European Welfare States in Intergenerational Money Transfers: A Micro-level Perspective," *Aging & Society*, 30(8): 1315–42.
Schwartz, Herman and Leonard Seabrooke, 2009, "Varieties of Residential Capitalism in the International Political Economy: Old Welfare States and the New Politics of Housing," Schwartz, Herman and L. Seabrooke eds., *The Politics of Housing Booms and Busts*, London: Palgrave Macmillan, 1–27.
瀬古美喜，2014，『日本の住宅市場と家計行動』東京大学出版会.
島田克彦，2014，「近代大阪における市街地周辺部の開発と社会変動」『都市文化研究』16: 92–102.
新開保彦，1997，「公共政策としての社宅制度の分析」藤田至孝・塩野谷祐一編『企業内福祉と社会保障』東京大学出版会，219–46.
新川敏光，2004，「福祉国家の危機と再編――新たな社会的連帯の可能性を求めて」齋藤純一編『講座・福祉国家のゆくえ 5 福祉国家／社会的連帯の理由』ミネルヴァ書房，13–53.
周燕飛，2006，「生前贈与の実態と動機」『生活経済学研究』22.23: 123–35.
――――，2007，「親からの住宅資金援助と子の住宅取得行動」『季刊住宅土地経済』66: 29–37.

嶋﨑尚子，2013，「『人生の多様化』とライフコース――日本における制度化・標準化・個人化」田中洋美／マーレン・ゴツィック／クリスティーナ・岩田ワイケナント編『ライフコース選択のゆくえ――日本とドイツの仕事・家族・住まい』新曜社，2-22.

白波瀬佐和子，2000，「家族内支援と社会保障――世代間関係とジェンダーの視点から」『季刊社会保障研究』36(1): 122-33.

Smith, Susan J. and Beverley A. Searle, 2008, "Dematerialising Money? Observations on the Flow of Wealth from Housing to Other Things," *Housing Studies*, 23(1): 21-43.

総務省統計局，「住宅・土地統計調査」(https://www.e-stat.go.jp/stat-search/files?page=1&toukei=00200522，2023年1月26日閲覧).

――――（総理府統計局）編，1960・1965・1970・1975・1980・1985・1990・1995，『住宅統計調査』.

――――，「住民基本台帳人口移動報告」(https://www.stat.go.jp/data/idou/index.html，2023年1月26日閲覧).

Stata Press, 2011, *Stata Longitudinal Data/Panel-Data Reference Manual Release 12*, Texas: Stata Press.

Stephens, Mark, 2016, "Using Esping-Andersen and Kemeny's Welfare and Housing Regimes in Comparative Housing Research," *Critical Housing Analysis*, 3(1): 19-29.

――――, 2017, "Housing Regimes Twenty Years after Kemeny," *Heriot-Watt University Discussion-paper* (https://researchportal.hw.ac.uk/en/publications/housing-regimes-twenty-years-after-kemeny).

Stiglitz, Joseph E., 2006, *Making Globalization Work*, New York: W.W. Norton & Company.（楡井浩一訳，2006，『世界に格差をバラ撒いたグローバリズムを正す』徳間書店.）

周藤利一，2021，「不動産政策立法の展開に関する考察」『明海大学不動産学部論集』29: 1-24.

祐成保志，2008，『〈住宅〉の歴史社会学――日常生活をめぐる啓蒙・動員・産業化』新曜社.

住田昌二，2015，『現代日本ハウジング史――1914～2006』ミネルヴァ書房.

砂原庸介，2018，『新築がお好きですか？——日本における住宅と政治』ミネルヴァ書房.
鈴木紀慶，2013，『日本の住文化再考——鷗外・漱石が暮らした借家からデザイナーズマンションまで』鹿島出版会.
鈴木成文・上野千鶴子・山本理顕・布野修司・五十嵐太郎・山本喜美恵，2004，『「51C」家族を容れるハコの戦後と現在』平凡社.
Szydlik, Marc, 2004, "Inheritance and Inequality: Theoretical Reasoning and Empirical Evidence," *European Sociological Review*, 20(1): 31–45.
田渕六郎，2008，「親からの住宅援助と親子の居住関係——JGSS-2006データによる検討」『JGSSで見た日本人の意識と行動——日本版General Social Surveys 研究論文集 7（JGSS Research Series No. 4）』大阪商業大学，13–23.
————，2012，「少子高齢化の中の家族と世代間関係——家族戦略論の視点から」『家族社会学研究』24(1): 37–49.
高岡裕之，2011，『総力戦体制と「福祉国家」——戦時期日本の「社会改革」構想（シリーズ戦争の経験を問う）』岩波書店.
高嶋修一，2007，「都市の拡大と宅地開発」橘川武郎・粕谷誠編『日本不動産業史——産業形成からポストバブル期まで』名古屋大学出版会，74–90.
高田洋，2003，「『家を持つこと』による階層意識と価値志向の関連性の変化」『東京都立大学人文学報』339: 95–113.
武川正吾，1996，「社会政策としての住宅政策」大本圭野・戒能通厚編『講座現代居住 1　歴史と思想』東京大学出版会，61–87.
————，1999，「住宅政策——住宅市場の変貌」毛利健三編『現代イギリス社会政策史——1945～1990』ミネルヴァ書房，225–82.
————，2011，「居住福祉のための社会政策」野口定久・外山義・武川正吾編『居住福祉学』有斐閣，238–62.
竹ノ下弘久，2021，「高齢期における住宅のアクセスの不平等——ライフコースの経過に伴う不平等の形成と高齢期の社会的不平等」有田伸・数土直紀・白波瀬佐和子編『少子高齢社会の階層構造 3——人生後期の階層構造』東京大学出版会，53–68.
————，2023，「社会階層と資産」『福祉社会学研究』20: 13–29.

多和田栄治，2017，『検証公団居住 60 年――〈居住は権利〉公共住宅を守るたたかい』東信堂.

Tomassini, Cecilia, Douglas A. Wolf, and Alessandro Rosina, 2003, "Parental Housing Assistance and Parent-Child Proximity in Italy," *Journal of Marriage and Family*, 65(3): 700-15.

Torgersen, Ulf, 1987, "Housing: the Wobbly Pillar under the Welfare State," *Scandinavian Housing and Planning Research*, 4 (sup1): 116-26.

Van Ham, Maarten, David Manley, Nick Bailey, Ludi Simpson, and Duncan Maclennan eds., 2012, *Neighbourhood Effects Research: New Perspectives*, Dordrecht: Springer.

―――― eds., 2013, *Understanding Neighbourhood Dynamics: New Insights for Neighbourhood Effects Research*, Dordrecht: Springer.

若林幹夫，2007，『郊外の社会学――現代を生きる形』筑摩書房.

Walker, Alan, 1996, "Intergenerational Relations and the Provision of Welfare," Walker, Alan ed., *The New Generational Contract: Intergenerational Relations Old Age and Welfare*, London: Routledge, 10-36.

渡辺久里子，2021，「住宅費負担と貧困――現役世代へと広がる住宅困窮」田辺国昭・岡田徹太郎・泉田信行監修／国立社会保障・人口問題研究所編『日本の居住保障――定量分析と国際比較から考える』慶應義塾大学出版会，43-59.

Yamaguchi, Kazuo, 1991, *Event History Analysis*, California: Sage Publications.

山口幹幸，2015，「高度経済成長期」『人口減少時代の住宅政策――戦後 70 年の論点から展望する』鹿島出版会，49-75.

山本理奈，2014，『マイホーム神話の生成と臨界――住宅社会学の試み』岩波書店.

大和礼子，2017，『オトナ親子の同居・近居・援助――夫婦の個人化と性別分業の間』学文社.

安丸良夫，1999，『日本の近代化と民衆思想』平凡社.

横山源之助，1949，『日本の下層社会』中央労働学園.

吉田良治，2013，『ライフスキル・フィットネス――自立のためのスポーツ教育』岩波書店.

財団法人住宅総合研究財団編，2009，『現代住宅研究の変遷と展望』丸善株式会社.
財団法人家計経済研究所編，2006a,『シンガポールの経済とライフスタイル』財団法人家計経済研究所.
————，2006b，『女性のライフコースと住宅所有』財団法人家計経済研究所.
————，2006c，*Women and Material Assets in Britain and Japan*, 財団法人家計経済研究所.

著者略歴
1974 年福島県生まれ
大阪大学大学院人間科学研究科博士後期課程単位取得退学
博士（人間科学）
現　在　桃山学院大学社会学部准教授
専　門　家族社会学、社会階層論、社会調査法、比較社会論（オランダ）
主　著　『災禍の時代の社会学』（共著、東京大学出版会、2023 年）
『家族研究の最前線 5　家族のなかの世代間関係』（共著、日本経済評論社、2021 年）
『人生の歩みを追跡する――東大社研パネル調査でみる現代日本社会』（共著、勁草書房、2020 年）
『論点ハンドブック　家族社会学』（共著、世界思想社、2009 年）
『女性たちの平成不況――デフレで働き方・暮らしはどう変わったか』（共著、日本経済新聞社、2004 年）

シリーズ　数理・計量社会学の応用 2
私たちはなぜ家を買うのか
後期近代における福祉国家の再編とハウジング

2023年12月25日　第 1 版第 1 刷発行

著　者　村《むら》　上《かみ》　あかね

発行者　井　村　寿　人

発行所　株式会社　勁《けい》　草《そう》　書　房

112-0005 東京都文京区水道2-1-1　振替　00150-2-175253
（編集）電話 03-3815-5277／FAX 03-3814-6968
（営業）電話 03-3814-6861／FAX 03-3814-6854
本文組版 プログレス・堀内印刷・中永製本

ISBN978-4-326-69843-1　　Printed in Japan